Layriz, Fridrich

Kern des deutschen Kirchengesangs

Layriz, Fridrich

Kern des deutschen Kirchengesangs

Inktank publishing, 2018

www.inktank-publishing.com

ISBN/EAN: 9783747765838

All rights reserved

DES DEUTSCHEN

KIRCHENGESANGS

ZUM GEBRAUCH

EVANGELISCH-LUTHERISCHER

GEMEINDEN UND FAMILIEN

HERAUSGEGEBEN

VON

DR. FRIDRICH LAYRIZ.

ERSTE ABTEILUNG

CXX WEISEN ENTHALTEND.

DRITTE UMGEARBEITETE UND SEHR VERMEHRTE AUFLAGE.

NÖRDLINGEN.

DRUCK UND VERLAG DER C. H. BECK'SCHEN BUCHHANDLUNG.

1854.

Vorwort.

Zum dritten male übergebe ich vorligenden Kern des deutschen Kirchenge-
sangs der beurteilung und dem gebrauch der evangelischen Christenheit.

Obwol seinem umfange nach seit dem ersten erscheinen um mehr als das dreifache
gewachsen, behält er doch, im hinblick auf den fast unergründlichen melodienreichtum
unserer Kirche, seinen anfänglichen titel eines Kerns unverändert bei. Nicht ganz so
seinen inhalt. Der umstand nämlich, daʒ die lithographie jezt stehen bleibt
und dadurch bedeutendere änderungen für die zukunft untunlich werden, schloʒ für mich
die pflicht in sich, jezt schon das ganze einer nochmaligen genauesten durchsicht zu
unterziehen und gleichsam die lezte hand an dasselbe zu legen. Selbstverständlich konn-
ten dabei zwei in jüngster Zeit ans licht getretene sehr wichtige melodiensamlun-
gen nicht unberücksichtigt bleiben: ich meine das von Dr. Wiener herausgegebene
Geistl. Gesangbuch mit singweisen, Nürnberg 1851, und den (Eisenacher)
Entwurf eines Kirchengesangbuchs für das evang. Deutschland, Stuttgart 1853.
Dise melodiensamlungen, beachtenswerth beide wegen der fleiʒigen quellenforschung,
auf der sie beruhen, die leztere noch überdiʒ wegen der autorität, von der sie
ausgeht, haben, obwol unter sich noch manigfach abweichend, doch dadurch ein groʒes
verdienst sich erworben, daʒ sie theils hie und da die melodien im einzelnen berich-
tigen, teils aber und hauptsächlich dazu dienen, im allgemeinen die grundsätze vestzu-
stellen, wornach die auswal unter den vorhandenen verschiedenen melodienrecensionen
zu treffen sei. Als einen solchen hauptgrundsatz glaube ich aber den aussprechen zu
dürfen, daʒ überall von der nachweisbar ältesten quelle einer melodie auszugehen, und
dise in der dort vorgefundenen gestalt, selbst in ihren dehnungen und verzierungen, so
weit beizubehalten sei, als nicht die ausfürbarkeit von seiten einer gemeinde schlecht-
hin unmöglich erscheine. Ist es nun auch nicht zu verkennen, daʒ über den leztern
punct der ausfürbarkeit oder unausfürbarkeit von seiten einer gemeinde die ansichten
der einzelnen um ein ziemliches aus einander gehen können: so ist der grundsatz selbst
doch gewis als richtig anzuerkennen, und nach ihm bin ich auch in diser neuen bear-
beitung verfaren, so zwar, daʒ ich in der Regel original und variante oder wo ersteres
noch nicht ermittelt ist, die namhaftesten lesarten neben einander stelle, die abweichun-

gen jener melodiensamlungen aber nur dann unberücksichtigt laʒe, wenn mir die originalform unzweifelhaft veststeht und ein grund zur änderung nicht wol abzusehen ist.

Wie ich mich hinsichtlich der töne einer melodie jezt überall, mit ausname der wenigen fälle, die der quellennachweis aufzeigt, den ältesten quellen anschloʒ, eben so hinsichtlich der rhythmen. Die in den früheren ausgaben gemachten spärlichen ver-
.suche, einer melodie erst noch nachträglich einen quantitierenden rhythmus zu geben, sind nunmehr sämtlich zurückgenommen; nur bei nr. 62. rürt die verlängerung der zweiten note von mir her.

Die harmonien anlangend widerhole ich, was ich schon in den früheren ausgaben gesagt, daʒ nämlich bei sämtlichen dem XVI. jarh. entstammenden melodien bis herab auf Calvisius von urharmonien überhaupt keine rede sein könne; daʒ ich aber auch bei melodien einer späteren zeit zwar überall, so weit als möglich, von den harmonien der urheber oder anderer gleichzeitiger tonkünstler ausgieng, mich jedoch nirgends als an den satz eines einzelnen gebunden erachtete. Dagegen war es mein ernstes bestreben, die regeln des alten tonsatzes, namentlich in bewarung der eigentümlichkeit jeder besonderen kirchlichen tonart, in der entschiedenen vorliebe für den ernst und die kraft der consonanzen, endlich in sorgfältiger melodischer fürung nicht nur der grundstimme, sondern auch der mittelstimmen — auf das strengste zu handhaben, one doch etwas den heut zu tage wirklich als allgemein giltig angenommenen gesetzen des generalbasses zuwiderlaufendes zuzulaʒen, noch auch die bei mehreren alten meistern sich findende düstere strenge, ja herbigkeit ihrer tonfolgen unvermittelt auch in unsere zeit herüber zu tragen. Daʒ ich auch in diser beziehung meinem werkchen eine genaue durchsicht und vilfache, wie ich hoffe, beʒʒernde umarbeitung habe widerfahren laʒen, wird der blick auf fast jede nummer desselben dartun.

In betreff der bei melodien rhythmischen wechsels angewendeten tacteinteilung verweise ich auf die lehrreichen schriftchen von

Dr. Kraussold, vom alten protest. choral, 1847,

Dr. Wiener, über rhythm. choralgesang, 1847,

und auf einen aufsatz von mir im februarhefte der Evang. Kirch.-Zeitg. v. j. 1848. — Für den ausubenden sänger dürfte es an der bemerkung genügen, daʒ die hier anzutreffenden sechsvierteltacte, je nach bedürfnis bald in zweimal dreiviertel, bald in dreimal zweiviertel sich glidern, und daʒ jedenfalls die dauer der dem zeitmaʒe der gesamtmelodie zu grunde ligenden viertelsnote durch die ganze melodie sich unveränderlich gleich zu bleiben hat.

Was den vortrag diser gesänge betrifft, so versteht es sich von selbst, daʒ der noch kein jarhundert alte unfug der zwischenspile bei ihnen gänzlich unterbleiben muʒ. Nur zwischen den ganzen strofen, nie zwischen den einzelnen verszeilen, dürfen sie stattfinden, um den sängern, namentlich bei länger andauerndem gesange, einen längeren ruhepunct zu gewären. Sonst ist jeder vers streng im tacte, und je nach dem ernsten oder heiteren inhalt des liedes langsamer oder schneller, immer aber im tempo eines von einem gemeindechore gesungenen ernsten oder heiteren volkslieds zu singen. Zwischen den einzelnen verszeilen, wo nicht längere noten oder pausen — wärend welcher die Orgel den vorangehenden accord ununterbrochen auszuhalten hat (vgl. J. Balth. König's Harm. Liederschatz, Frankfurt a. M., 1738, vorrede seite 2) — ohnehin genugsamen raum zum atmen bieten, ist wie bei einem volkslide gerade nur so vil anzuhalten, als es zu ruhigem aufatmen bedarf, und dann im früheren tempo fortzufaren. Als zweckmäßigste methode bei widereinfürung des rhythmischen gesangs — abgesehen von den ohnehin keine schwirigkeit bietenden melodien mit bloz accentuierendem rhythmus — empfihlt es sich, unter den melodien eines quantitierenden rhythmus mit denen des reinen tripeltacts zu beginnen wie nr. 6. 85. 100. 110. 125., sodann zu denen im geraden tact mit zimlich regelmäzig gegliedertem rhythmus fortzuschreiten wie nr. 12. 52. 55. 70. 107., und darauf erst melodien mit regelmäzigem rhythmischen wechsel folgen zu lazen wie 27. 50. 64. 79. 89. 105. Auch wäle man bei den beiden leztgenannten arten zunächst doch ja immer melodien, die der gemeinde noch wenig geläufig sind, und gehe dann erst zu den bekannteren im rhythmischen baue verwanten melodien über. Bald wird es sich zeigen, wie wenig schwirigkeit es mit der sache hat. Wer freilich sofort mit nr. 33. 54. 129. u. dgl. das Werk bei einer gemeinde beginnen wollte: der dürfte das mislingen seines versuchs lediglich seiner eigenen unmethode zuzuschreiben haben.

Die kenntnis und zugleich die regeste teilname für den rhythmischen gesang als der ursprünglichen sangweise unserer protest. Kirche hat sich seit einem jarzehent durch alle gauen des deutschen vaterlands und bis hinüber nach England und Nordamerica verbreitet, und gar mancher anfängliche gegner ist bei näherer prüfung sein eifriger vertreter geworden. Daz freilich aller widerspruch schon in so kurzer zeit hätte verstummen sollen; wer hätte das jemals erwarten dürfen? Wenn man aber auch jezt noch stimmen vernimt, die erst noch den beweis gefürt verlangen, daz jemals von den gemeinden so rhythmisch gesungen worden sei: so glaubt man in der tat es mit leuten zu tun zu haben, die am hellen lichten tage erst noch beweis fordern, daz die sonne scheine.

Es ist historisch bewiesene tatsache, daz es über anderthalb jarhunderte hindurch bis zu dem im jare 1687 erschienenen „Grozen darmstädter Cantional" nicht ein einziges gesangbuch, nicht eine einzige liedersamlung für den kirchen- oder hausgebrauch gibt, welche quantitierend rhythmische melodien nicht eben mit quantitierendem rhythmus enthielte. Es ist tatsache, daz selbst geraume zeit später ausdrücklich für den kirchengebrauch officiell und privatim veranstaltete Werke den alten ursprünglichen rhythmus noch mehr oder weniger treu bewaren. Ich nenne hier nur das Große würtembergische Kirchengesangbuch von 1711; ich verweise fur einzelne choräle selbst auf das Dretzelsche evang. Choralbuch, 1731, pag. 116. 256. 505. 609. 761. 815. und seine vilen im tripeltact stehenden melodien. Wem solche zeugnisse nicht genügen, für den darf man sich, meine ich, jedweder weitern beweisfürung füglich überhoben erachten.

„Aber, wendet man ein, das frische, lebendige, volksmäzige des liedes gehört nicht in die kirche; hier drückt sich in dem gedehnten, in dem gleichmäzig langsamen fortschritte des gesangs der ernst der betrachtung, das specifisch religiöse aus." Es sei ferne von mir, über solch aprioristische behauptungen und rein subjective privatmeinungen, die nur zu sehr an II. Sam. 6, 20. erinnern, mich hier in eine weitläufige beleuchtung einzulazen. Ich trete wider nur den historischen beweis an. Es ist unbestreitbare tatsache, daz die ersten anderthalb jarhunderte die blütezeit der evang. Kirche, die zeit der heroen und märtyrer ihres glaubens waren; und es ist abermals unbestreitbare tatsache, daz dise koryphäen unserer Kirche beide arten des gesangs, den gleichmäzig (accentuirend) wie den ungleichmäzig (quantitierend) fortschreitenden rhythmus kannten und pflegten, jeden an der ihm zukommenden stelle: wer sind nun wol die namen, die jenen männern den ernst der betrachtung, den sinn für das specifisch religiöse absprechen dürfen, oder sich zu ihren lehrmeistern aufzuwerfen getrauen?

Denen aber, die immer nur vom fortschritt träumen, und die ungeheueren fortschritte der neueren zeit in allen künsten und wizzenschaften, mithin auch auf religiösem und kirchlichem gebiete, gar nicht genug zu rümen wizzen, laze ich gerne ihr rümen, und erlaube mir nur die eine frage, wie es doch komme, daz all die hochgefeierten meister der neueren dichtkunst auch nicht ein einziges brauchbares kirchenlied zu fertigen vermochten?

Doch genug hievon. Wenn der HERR seine tenne fegt, so verwet die spreu, der gute weizen bleibt. Er hat seine tenne zu fegen angefangen, und wird damit fortfaren in gnaden. Dem HERRN DER DA SIHET sei die ehre!

Schwaningen in Mittelfranken
am 29. nov. 1853.

Dr. Fridr. Layriz.

1. Ach Gott und Herr

Dorische melodie.

Ach Gott und Herr, wie groz und schwer sind mein be-

gangne sün _ den: da ist nie _ _ mand, der hel_fen

kañ, auf di _ ser welt zu fin _ den.

2. Ach Gott und Herr

Jonische melodie.

Zeuch uns nach dir: so laufen wir mit herz-li-

chem ver_lan _ gen hin, da du bist, o Je _ su

Christ, aus di_ser welt ge _ gan_gen.

3. Ach Gott vom himel

Ach Gott vom hi _ mel sih darein und laz dich des er _
Wie we _ nig sind der heil _ gen dein, ver _ lazen sind wir

bar _ men: Dein wort man nicht läzt ha _ ben war, der glaubist
ar _ men!

auch ver _ loschen gar bei al _ len menschen kin _ dern.

4. Ach was soll ich sünder

Ach was soll ich sünder machen, ach was soll ich fangen an?

mein ge _ wi _ zen klagt mich an, es be _ ginnet auf _ zu wachen.

Diz ist mei _ ne zu _ ver _ sicht: mei _ nen Je _ sum laz ich nicht.

5. Ach wie flüchtig

Ach wie flüchtig, ach wie nichtig ist der menschen le _ ben!

Wie ein ne _ bel bald ent _ ste _ het, und auch wi _ der

bald ver _ ge _ het: so ist un _ ser le _ ben, se _ het!

6. Allein Gott in der höh sei ehr

Al _ lein Gott in der höh sei ehr und dank für sei _ ne
Da _ rum daz nun und nimmer _ mehr uns rüren kan kein

gna — de: Ein wolge _ falln Gott an uns hat, nun ist groz
scha' — de.

frid on un _ ter _ laz; all fehd hat nun ein 'en _ _ de.

7. Allein zu dir Herr Jesu Christ

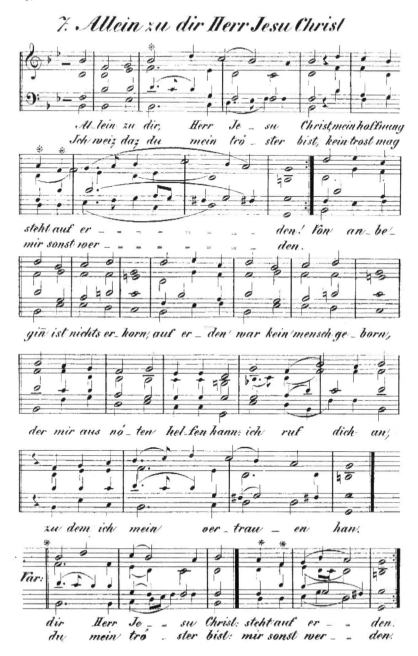

Al_lein zu dir, Herr Je _ su Christ, mein hoffnung
Ich weiz daz du mein trö _ ster bist, kein trost mag

steht auf er _ _ _ _ _ _ _ _ _ den! Von an_be_
mir sonst wer _ _ _ _ _ _ _ _ _ den.

gin ist nichts er_horn, auf er _ den' war kein' mensch ge _ born,

der mir aus nö _ ten hel_fen kann: ich ruf dich an,

zu dem ich mein oer _ trau _ en han.

Var: dir Herr Je _ su Christ: steht auf er _ _ den.
du mein trö _ ster bist: mir sonst wer _ _ den.

8. Alle menschen müzen sterben

Al-le menschen müzen sterben; al-les Fleisch vergeht wie heu;
Was da le-bet muz verderben, soll es anders werden neu.

Di-ser leib der muz ver-we-sen, wen er anders soll ge-ne-sen

der so grozen herlichkeit, die den fromen ist be - - reit.

9. Allenthalben wo ich gehe

Allent - hal-ben wo ich ge-he, sit-ze ti - ge

oder ste - he, sehn ich mich nach Je-su Christ, der für

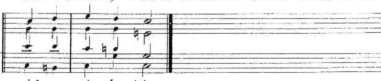

mich ge - stor-ben ist.

10. Alles ist an Gottes segen

Al_les ist an Gottes se_gen und an sei_ner gnad gele_gen,

über al_les gell und gut, wer auf Gott sein hoffnung set_zel,

der be_hält ganz unver_let_zet ei_nen frei_en hel_denmut.

11. Also heilig ist der tag

Al_so hei_lig ist der tag, daz ihn niemand mit lob erfüllen mag,

den der ei_ni_ge Gott_tes Son heut die hölle u_ber wand und den lei;

di_gen teu_fel darin_nen band. Damit er_lö_set er die

Christen heit, das war Christ sel—ber. Ky—ri—e—leis.

12. An wazerflüzen Babylon

Ein lämlein geht und trägt die schuld der wett und ih—rer
Es geht und trä—get in ge—duld die sün—den al—ler

kin—der, Es geht da hin, wird matt und krank, er—gibt sich
sün—der.

auf die würgebank, verzeiht sich al—ler freu—den. Es ni—met

an schmach, hon und spott, angst, wunden, strimen, kreuz und

tod, und spricht: Ich wills gern lei—————den.

16

13. Auf meinen lieben Gott

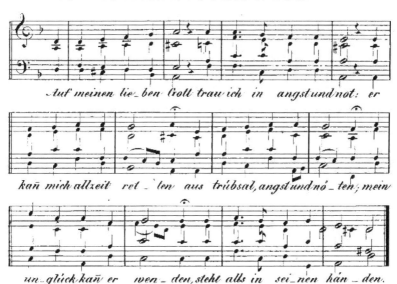

Auf meinen lie_ben Gott trau ich in angst und not: er

kan mich allzeit ret _ ten aus trübsal, angst und nö _ ten; mein

un _ glück kan er wen _ den, steht alls in sei _ nen hän _ den.

14. Aus tiefer not schrei ich

Aus tie_fer not schrei ich zu dir, Herr Gott, er _ hör mein
Dein gnädig o _ ren kehr zu mir, und mei _ ner bitt sie

ru _ fen.
öf _ fen.   Denn so du wilt das se _ hen an was

sind und unrecht ist ge_tan: wer kan Herr vor dir blei _ ben?

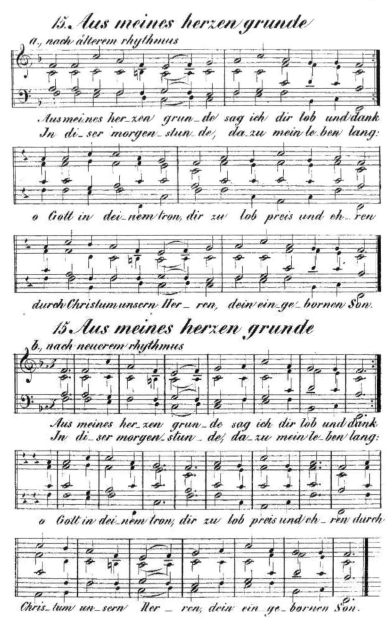

15. Aus meines herzen grunde

a., nach älterem rhythmus

Aus meines her-zen grun-de sag ich dir lob und dank
In di-ser morgen-stun-de, da zu mein le-ben lang:

o Gott in dei-nem tron, dir zu lob preis und eh-ren

durch Christum unsern Her-ren, dein ein-ge-bornen Son.

15. Aus meines herzen grunde

b., nach neuerem rhythmus

Aus meines her-zen grun-de sag ich dir lob und dank
In di-ser morgen-stun-de, da-zu mein le-ben lang:

o Gott in dei-nem tron, dir zu lob preis und eh-ren durch

Chris-tum un-sern Her-ren, dein ein-ge-bornen Son.

16. Christ ist erstanden

Christ ist er - stan - - den, von der mar - ter al - le:

des solln wir alle fro - - sein, Christ will unser trost sein. Kÿ-

= ri - - e - leis. Wär er nicht er - stan - den, die

welt die wär ver - gan - gen: seit daz er er - standen ist, so

lobn wir den Herrn Je - - sum Christ. kyri - - e - leis.

Hal - le - - - lu - - ja, hal - le - - lu - - ja,

17. Christ lag in todes banden

18. Christ unser Herr zum Jordan

Christ unser Herr zum Jordan kam nach seines vaters wil_len;
Von sanct Jo_han die taufe nam sein werk und amt zur füll_len.

Da wollt er stif_ten uns ein bad, zu waschen uns von sün_ _

den, er_säu_fen auch den bit_tern tod durch sein selb blut und

wun_ _ _ den; es galt ein neues le_ _ ben.

19. Christus Christus Chr: ist

Fang dein werk mit Je_su an, Je_sus hats in hän_den;
Je_sum ruf zum bei stand an, Je_sus mirds mol en_den.

Steh mit Je_su mor_gens auf, geh mit Je_su schla_fen.

21

für mit Jesu deinen lauf, laße Jesum schaffen.

20. Christus der ist mein leben

Christus der ist mein leben, sterben ist mein ge-

win, dem tu ich mich ergeben, mit freud far ich da hin.

21. Christus der uns selig macht

Patris sapientia

O hilf Christe, Gottes Son, durch dein bitter leiden,

daz wir dir ståts untertan all untugend meiden,

deinen tod und sein ursach fruchtbarlich bedenken,

dafür, wie wol arm und schwach, dir dankopfer schenken.

22. Christus ist erstanden

Christus ist er_ stan_den von des todes banden; des freu_et

sich der engel schar und singt im himel immerdar Halle_lu___ja.

23. Da Christus geboren war

In natali domini

Als Christus ge_ bo_ ren war, freu_et sich der

en_ gel schar, und sun_gen mit haufen schon: Ehr sei Gott im

höch_sten tron! Gottes Son ist mensch ge_ born; hat ver_

sönt seins va_ters zorn, freu sich dem sun sünd ist leid!

24. Da Jesus an dem kreuze stund

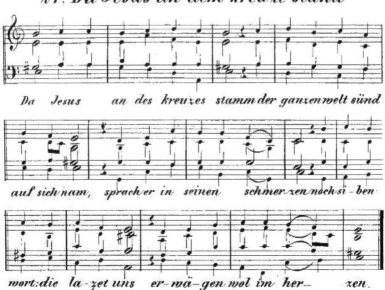

Da Jesus an des kreuzes stamm der ganzen welt sünd

auf sich nam, sprach er in seinen schmer-zen noch si - ben

wort: die la-zet uns er-wä-gen wol im her— zen.

25. Der lieben sonne licht

Der lieben sonne licht und pracht hat nun den lauf voll.
Die welt hat sich zur ruh ge-macht, tu seel was dir ge—

fü — ret; Trit an die himelstür, und bring ein lied herfür;
bü— ret.

laz deine augen herz und sinn auf Jesum sein gerichtet hin.

26. Der tag der ist so freudenreich

Dies est laetitiae

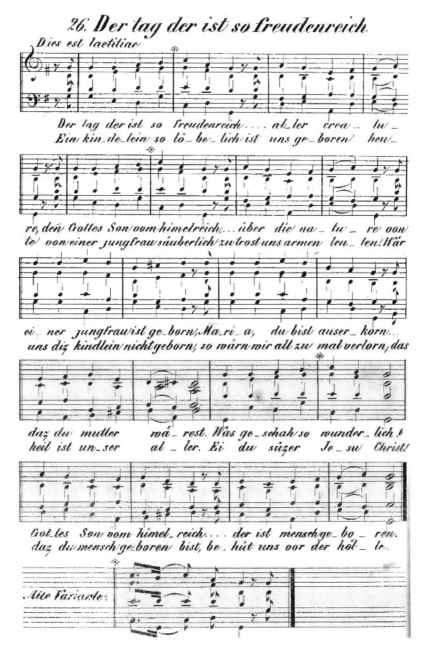

Der tag der ist so freudenreich.... al_ler crea_ tu_
Ein kin_de_lein so lö_be_lich ist uns ge_boren heu_

re, deñ Gottes Son vom himelreich,...über die na_ tu_ re von
te von einer jungfrau säuberlich zu trost uns armen leu_ ten! Wär

ei_ ner jungfrau ist ge_born, Ma_ri_ a, du bist auser_ korn...
uns diz kindlein nicht geborn, so wärn mir all zu mal verlorn, das

daz du mutter wä_ rest. Was ge_schah so wunder_ lich!
heil ist un_ser al_ler. Ei du süzer Je_ su Christ!

Got_tes Son vom himel_reich.... der ist mensch ge_ bo_ ren.
daz du mensch ge boren bist, be_ hüt uns vor der höl_ le.

Alte Variante:

27. Die nacht ist komen

Die nacht ist komen, drin wir ruhen sol_len: Gott walts zu

fromen nach seim wol_ge_fal_len; daz wir uns le _ gen

in seim gleit und se_gen, der ruh zu pfle_gen.

28. Dir dir Jehova will ich

Dir dir Je _ ho _ va will ich singen, den wo ist doch ein
Dir will ich mei_ne lie_der bringen: ach gib mir deines

sol _ cher Gott wie du?
Gei_stes kraft da_zu,
daz ich es tu im namen

Je _ su Christ, so wie es dir durch ihn ge_fäl_lig ist.

3.

26

29. Diz sind die heilgen zehn gebot

Diz sind die heil-gen zehn ge-bot, die uns gab

un-ser Her-re Gott durch Mo-'sen, sei-nen die-ner

treu, hoch auf dem berg Si-na-i Ky-ri-e-leis.

30. Du lebensbrot Herr J. Christ

Du lebens-brot, Herr Je-su Christ, mag dich ein sün-der
Der nach dem himel hungrig ist und sich mit dir will

ha--ben, So bitt·ich dich de-mü-tig-lich, du wollest
la--ben!

so be-rei-ten' mich, daz ich recht würdig wer-de.

31. Durch Adams fall ist ganz

Durch Adams fall ist ganz ver_derbt menschlich natur und we_sen:
Das_selb gift ist auf uns ge_erbt, daz wir nicht köñt ge_ne_sen,

on Got_tes trost, der uns er_löst hat von dem grozen schaden, dar_

ein die schlang E_vam be_zwang, Gotts zorn auf sich zu la_den.

32. Erhalt uns Herr bei deinem wort

Er_halt uns Herr bei dei_nem wort und steur des
Pre_serve us Lord by thy dear word, from Turk and

papsts und tür_ken mord, die Je_sum Christum deinen
Pope de_fend us Lord, which both would thrust out of his

Son woll_ten stür_zen von dei_nem tron:
throne, our Lord Je_sus Christ thy dear Son.

33. Ein veste burg ist unser Gott

Ein ve _ ste burg ist un _ ser Gott; ein gu_te
Er hilft uns frei aus al _ ler not, die uns jezt

wehr und waf _ _ fen; Der alt bö _ se feind
hat be _ trof _ _ fen.

mit ernst ers jezt meint; groz macht und vil list sein grausam rü_

stung ist: auf erd ist nicht seins glei _ _ _ chen.

34. Ermuntre dich mein schwacher

Er_muntre dich, mein schwacher geist, und tra_ge
Ein klei_nes kind, das Va_ter heizt mit freuden

groz ver _ lan _ gen; Diz ist die nacht, da_rin es
zu em_pfan _ gen.

kam und menschlich we _ _ sen an sich nam, dadurch die

well mit treu_en als sei_ne braut zu frei _ en.

35. Es woll uns Gott genädig

Es woll uns Gott ge_nä _ _ dig sein und sei_nen se_gen
Sein antlitz uns mit hei_ _ lem schein er_leucht zum e.wign

ge _ _ _ _ _ _ _ ben. daz wir er_ken_nen sei_ne werk und
le _ _ _ _ _ _ _ ben,

was ihm liebt auf er _ _ den, und Je_ sus Christus heil und stärk be_

kant den hei_den werden, und sie zu Gott be_keh _ _ _ ren.

36. Erhör mich wenn ich ruf

Mit meinem Gott geh ich zur ruh und tu in

frid mein augen zu, den Gott vons himels tro_ne ü_ber mich

wacht bei tag und nacht, schafft daz ich si _ _ _ cher mo_ne.

37. Erschienen ist der herlich tag

Er_schienen ist der her_lich tag, dran sich nie_

mand gnug freu_en mag: Christ un_ser Herr heut tri_um_

pfirt, all sein feind er ge_fangen fürt. Hal_le_lu_ja.

38. Es ist das heil uns komen her

Es ist das heil uns komen her von gnad und lau_ter
Die werk die hel_fen nimmermehr, sie mö_gen nicht be_

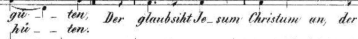

gü _ _ ten, Der glaubsiht Je_sum Christum an, der
hü _ _ ten.

hat gnug für uns all ge_tan, er ist der mittler wor_ den.

38. Es ist das heil uns komen her

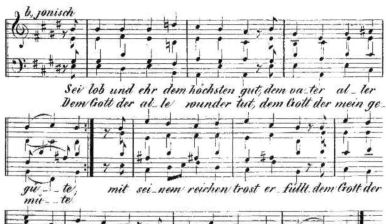

Sei lob und ehr dem höchsten gut, dem va_ter al _ ler
Dem Gott der al_le wunder tut, dem Gott der mein ge_

gü _ _ te, mit sei_nem reichen trost er füllt dem Gott der
mü _ _ te

al _ len jamer stillt gebt unserm Gott die eh _ _ re.

39. Es ist gewislich an der zeit

Es ist ge_wislich an der zeil daz Christ der Herr wird komen
In sei_ner grozen her_lichkeit, zu richten bös und fromen.

Da wird das la _ chen werden teur, wen al_les wird ver-

gehn durchs feur, wie Pe_trus da_von zeu_get.

40. Es spricht der unweisen mund

Wir menschen sind zu dem, o Gott, was geistlich ist un_tüchtig,
Dein wesen wil_le und ge_bot ist vil zu hoch und wichtig.

Wir wizens und verste_hens nicht, wo uns dein göttlich

wort und licht den weg zu dir nicht wei _ set.

41. Frölich soll mein herze springen

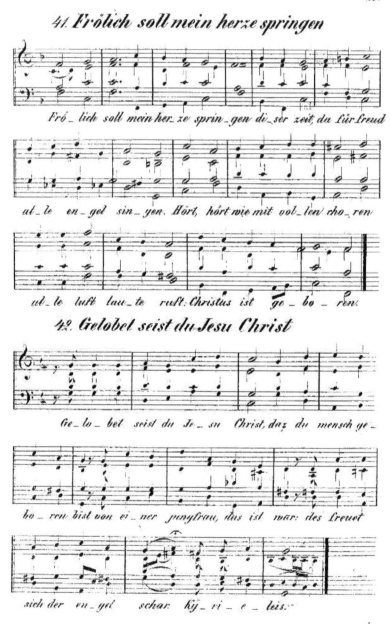

Frö_lich soll mein her_ze sprin_gen di_ser zeit, da für freud al_le en_gel sin_gen. Hört, hört wie mit vol_len cho_ren al_le luft lau_te ruft: Christus ist ge_bo_ren.

42. Gelobet seist du Jesu Christ

Ge_lo_bet seist du Je_su Christ, daz du mensch ge_ho_ren bist von ei_ner jungfrau, das ist war: des freuet sich der en_gel schar: ky_ri_e_leis.

43. Gott der Vater won uns bei

Gott der Va_ter won uns bei, und laz uns nicht ver_der _ ben;
Mach uns aller sün_den frei und helf uns se_lig ster_ben.

Für den teu_fel uns be_war, halt uns bei ve_stem glau _ ben; und

auf dich laz uns bau_en, aus herzensgrund ver_trau _ en.

Dir uns lazen ganz und gar, mit al_len rechten Chri _ sten ent_

fliehen teufels li_ _ sten, mit waffen Gotts uns fri _ _ sten.

Amen, amen, das sei war, so singen wir hal_le_lu_ja.

44. Gott des himels und der erden

Gott des hi _ mels und der er _ den; Va _ ter Son und
Der es tag und nacht läzt wer_den; sonn und mond uns

heil_ ger Geist: des_sen star_ke hand die welt
schei_nen heizt;

und was drin_nen ist er _ hält.

44. Gott des himels und der erden

b. neuere umbildung

Gott des hi_mels und der er_den, Va_ter Son und
Der es tag und nacht läzt wer_den; soñ und mond uns

heil_ger Geist: des_sen star_ke hand dir welt
schei_nen heizt;

und was drin_nen ist er_hält.

45. Gott sei gelobet und gebenedeiet

Gott sei ge _ lo _ bet und ge _ be _ ne _ dei _ et der uns sel _ ber
Mit sei _ nem fleische und mit sei _ nem blu _ te; das gib uns Herr

hat ge _ spei _ set kÿ _ ri _ e _ le _ i _ son. Herr durch deinen
Gott zu gu _ te.

hei _ li _ gen leichnam, der von deiner mut _ ter Ma _ ri _ a

kam, und das hei _ li _ ge blut hilf uns Herr aus al _ ler not

kÿ _ ri _ e _ le _ i _ son:

Vers 2 und 3.

2. groz dich zwungen hat
3. Geist uns nimmer laz

Zum liede:
Herr J. Christe
mein getreuer hir
te.

ber _ gen mit freu _ den, und zum frischen wazer fürn.

46. Gottes Son ist komen

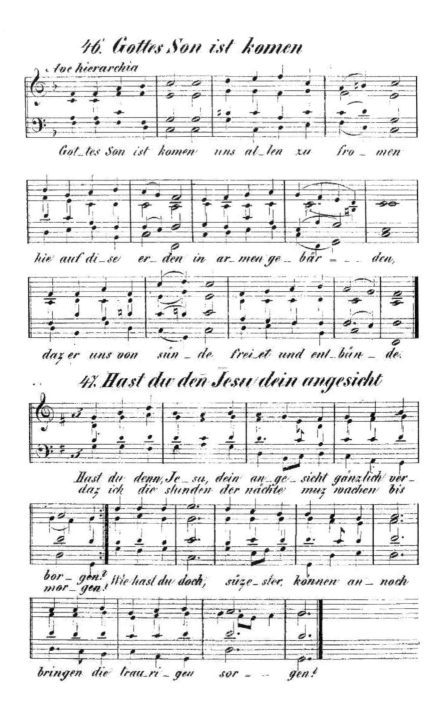

Ave hierarchia

Got_tes Son ist komen uns al_len zu fro_men

hie auf di_se er_den in ar_men ge_bär ___ den,

daz er uns von sün_de frei_et und ent_bün_de.

47. Hast du den Jesu dein angesicht

Hast du denn, Je_su, dein an_ge_sicht gänzlich ver_
daz ich die stunden der nächte muz wachen bis

bor_gen?
mor_gen! Wie hast du doch, süze_ster, können an_noch

bringen die trau_ri_gen sor ___ gen!

48. Herr Christ der einig Gotts Son

a, hypajonisch

Herr Christ der ei_nig Gotts Son, Va_ters in e_ wig_keit,
Aus seim her_zen ent_sprozen, gleich wie ge_schrieben steht.

Er ist der morgen_ster_ne sein glanze streckter fer_ne vor

Variante zu:
Wenn meine sünd
mich kränken

andern ster_nen klar.   schuldenlast am

48. Herr Christ der einig Gotts Son

b, um eine quarte erhöht

Herr Christ der ei_nig Gotts Son, Va_ters in e_ wig_keit.
Aus seim her_zen ent_sprozen, gleichwie geschrie_ben steht.

Er ist der morgen_ster_ne sein glanze streckter fer_ne vor

Neuere
variante:

an_dern ster_nen klar.

49. Herr ich habe misgehandelt

Herr, ich ha _ be mis _ ge _ han _ delt, ja mich
Ich bin nicht den weg ge _ gan _ gen, den du

drückt der sünden last, und jezt wollt ich gern aus schrecken
mir ge _ zei _ get hast:

mich vor dei _ nem zorn ver _ ste _ cken.

50. Herr J. Christ dich zu uns wend

Herr Je _ su Christ, dich zu uns wend dein heilgen Geist du

zu uns send, mit lieb und gnad er uns re _ gier, und

uns den weg zur wahrheit für.

31. Herr Jesu Christ meins lebens licht

Herr Je_su Christ, meins le_bens licht, mein hort, mein

trost, mein zu_ver_sicht! auf er_den bin ich nur ein

gast, und drückt mich sehr der sün_den last.

32. Herr wie du willst so schicks

Urspr. Aus tiefer not

Herr, wie du willst, so schicks mit mir im le_ben und im
Al_lein zu dir steht mein be_gir: laz mich, Herr, nicht ver_

ster_ben. Er halt mich nur in dei_ner huld: sonst wie du willst, gib
_der_ben.

mir ge_duld; den dein will ist der be _ _ _ ste.

53. Herzlich lieb hab ich dich

Herzlich lieb hab ich dich o Herr, ich bitt wollst sein von mir nicht
Die ganze welt nicht freuet mich, nach erd und himel nicht frag

fern mit dei.ner gut und gnaden. Und weñ mir gleich mein herz zer.
ich, weñ ich dich nur kann ha ben.

bricht, so bist du doch mein zuversicht, mein teil' und meines herzen trost, der

mich durch dein blut hast er.löst. Herr Je – su Christ mein Gott und

Herr, mein Gott und Herr: in schanden laz mich nimmer mehr.

Ursprünglich
zeile 1 und 2.

54. Herzlich tut mich verlangen

a. phrygisch.

Herz_lich tut mich ver_lan_gen nach eim se _ li _ gen end,
Weil ich hie bin um_fangen mit trübsal und e _ lend.

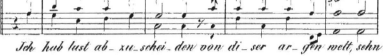

Ich hab lust ab_ zu_schei_ den von di_ser ar_gen welt, sehn

mich nach ewger freu_den, o Je_ su köm mir bald.

54. Herzlich tut mich verlangen

b. jonisch mit phrygischem schluz.

Be_ fihl du dei_ne we_ge und was dein her_ze kränkt
Der al_ler treu_sten pfle_ge des, der den hi_mel lenkt.

Der wol_ken luft und winden gibt we_ge, lauf und ban: der

wird auch we_ge fin_den, da dein fuz ge_hen kann.

55. Herzliebster Jesu was hast du

Herzlieb_ster Je_su, was hast du ver_bro_chen, daz man ein

solch scharf urteil hat ge_sprochen? was ist die schuld in

was für mis_se_ta_ten, bist du ge_ra_ten?

56. Hilf Gott daz mirs gelinge

Wenn mei_ne sünd mich kränken, o mein Herr Je_su
So laz mich wol be_den_ken, wie du ge_stor_ben

Christ und al_le mei_ne schuldenlast am stam des heilgen
bist

kreu___zes auf dich ge_no_men hast.

57. Hosianna Davids Son.

Ho _ si an _ na, Davids Son komt in Zi _ on ein _ ge _ zo _ gen:
Ach be _ reilet ihm den tron, sezt ihm tausend eh _ ren bo _ gen!

Streuet pal.men, machet ban, daz er ein _ zug hal _ ten kann.

58. Jch ruf zu dir Herr Jesu Christ

Jch ruf zu dir Herr Je _ su Christ, ich bitt er _ hör mein
Ver _ leih mir gnad zu di _ ser frist, laz mich doch nicht ver _

kla _ gen; Den rechten weg, o Herr, ich   mein, den wol _ lest
za _ gen.

du mir ge _ ben, dir zu le _ ben, mein nächsten nutz zu

sein, dein wort zu hal _ ten e _ ben.

59. Ich dank dir lieber Herre

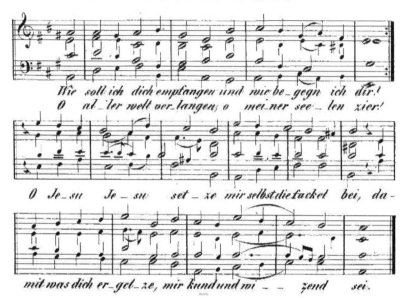

Wie soll ich dich empfangen und wie be-gegn ich dir!
O al-ler welt verlangen, o mei-ner see-len zier!

O Je-su Je-su set-ze mir selbst die fackel bei, da-

mit was dich er-get-ze, mir kund und wi - - zend sei.

60. Ich dank dir schon

Ich dank dir schon durch deinen Son, o Gott, für

dei-ne gü-te, daz du mich heint in di-ser

nacht so gnä-dig hast be-hü-tet.

61. Ich hab mein sach Gott

Ich hab mein sach Gott heimge stellt, er machs mit mir wies

ihm gefällt. Soll ich all hie noch länger lebn; nicht wi _ der _

strebn; seim willn tu ich mich ganz er _ gebn.

62. Jerusalem du hochgebaute stadt

Je _ ru _ sa _ lem, du hochge bau _ te stadt, wollt Gott ich wär in
Mein sehnlich herz so gro; verlan _ gen hat und ist nicht mehr bei

dir. Weit ü _ ber berg und ta _ le, weit ü _ ber bla _ ches feld
mir.

schwingts es sich ü _ ber al _ _ le und eilt aus di _ ser welt.

63. Jesu der du meine seele

Als der Herr von sei nem lei den traurig fieng zu re _ den an;
Vil vom tod; und schier von freuden niemal meldung hat ge _ tan;

daz man soll den hirten schlagen; seine schäflein von ihm jagen:

wurden die be _ trübt vil mehr, die den Her _ ren lieb _ ten sehr.

64. Jesu kreuz leiden und pein

Je _ su kreuz leiden und pein deins heilands und Herren be tracht christ li _

che ge mein, ihm zu lob und eh _ ren: merk was er ge lit ten hat, bis er

ist ge storben; dich von dei ner mis se tat er löst, gnad erworben.

65. Jesu meine freude

Je - su, meine freu de, mei-nes her-zen wei - de,
Ach wie lang,ach lan-ge ist dem her-zen ban-ge,

Je - su mei-ne zier: Got-tes lam, mein bräu-ti-gam,
und verlangt nach dir!

auzer dir soll mir auf er-den nichts sonst liebers wer-den!

66. Jesu meines lebens leben

Je-su, meines le-bens le-ben, Je-su, mei-nes to-des tod,
Der du dich für mich ge-ge-ben in die tief-ste see-len not,

in das äuzer-ste ver-der-ben, nur daz ich nicht möchte sterben!

tausend tausend mal sei dir, liebster Je-su, dank da-für.

67. Jesus Christus nostra salus

Je _ sus   Chri _ stus, nostra sa _ _ lus, quodrecla _ mat
Je _ sus   Chri _ stus, un_ser hei _ land, der von uns den

om_nis   ma _ _ _ lus,   no_bis   in   su _ i   me_
Got_tes   zorn _ _ _   wandt, durch das bit_ter   lei _ den

mo _ ri _ am   de_dit   hane   pa_nis   ho _ _ _ sti _ am.
sein   half er   uns   aus der   höl _ _ _ len   pein.

68. Jesus Chr. unser heiland

Je _ sus   Christus un _ ser   hei_land, der von   uns den

Got_tes   zorn   wandt, durch das bit _ ter   lei _ den   sein

half er   uns   aus der   höl _ len   pein.

69. Jesus Chr: unser heiland d. d tod

Je _ sus Christus un _ ser hei _ land, der den tod
ü _ ber wand, ist auf _ er _ stan _ den: die sünd hat
er ge _ fan _ gen. kÿ _ ri _ e e _ le _ i _ son.

70. Jesus meine zuversicht

Je _ sus, mei _ ne zu _ ver _ sicht und mein heiland, ist im le _ ben!
Di _ ses weiz ich, sollt ich nicht darum mich zu fri _ den ge _ ben:
was die lan _ ge to _ des nacht mir auch für gedan _ ken macht.

71. Kom heiliger Geist Herre Gott

Kom, hei_li_ger Geist, Her_re Gott: er_füll mit dei_ner

gnaden gut dei_ner gläubi_gen herz, mut und sinn, dein

brün_stig lieb ent_zünd in ihn. O Herr, durch dei_nes

lich_tes glast zu dem glauben ver_samlet hast das

volk aus al_ler welt zun_gen: das sei dir Herr, zu

lob ge_sun_gen. Hal le lu ja, hal le lu ja.

72. Kom Gott schöpfer h. Geist

Veni creator Spiritus.

Ve - ni, cre - ator Spiri - tus, mentes tu - orum visi - ta,
Kom, Gott schö-pfer, heili -gerGeist, besuch das herz der menschen dein,

imple su-perna grati - a, quae tu cre-a-sti pecto-ra.
mit gnaden sie füll wie du weizt, daz dein geschöpf soll vor dir sein.

73. Komt her zu mir spricht Gottes

Komt her zu mir, spricht Gottes Son, all die ihr seid be—

schweret nun, mit sünden hart be-la---den: ihr jungen,

al-ten, frau und mann, ich will euch ge-ben was ich han,

und hei-len eu-ren scha------den.
Var und hei-len eu---ren schaden.

53

74 Lazet uns den Herren preisen, o ihr

Lazet uns den Herren preisen, o ihr Christen
Komet daz mir dank er weisen unserm Gott mit

über - all! Er ist frei von todes banden, Simson,
süzem schall.

der vom himel kam, und der löw aus Ju-da

stamm, Christus Jesus ist er - standen! Nun ist hin der

lange streit: freue dich, o Christen-heit.

Variante:

lange streit: freue dich, o Christen-heit.

75. Liebster Jesu wir sind hier

Spätere umbildung

Liebster Je_su wir sind hier, dich und dein wort anzu hö_ren;
Len_ke sin_nen und be_gir auf die sü_zen himels leh_ren,

daz die herzen von der er_den ganz zu dir ge_zo_gen wer_den.

76. Lobe den Herren o meine

Lo_be den Herren o mei_ne see_le;
Weil ich noch stunden auf er_den zä_le,

ich will ihn lo_ben bis in tod. Der leib und seel ge_
will ich lob sin_gen mei_nem Gott.

ge_ben hat, werde ge_prie_sen früh und spat.

Hal_le_lu_ja, hal_le_lu_ja!

77. Lobe den Herren den mächtigen
a, ältere form.

Lo_be den Herren, den mächtigen kö_nig der eh_ren!
Mei_ne ge_lie_be_te see_le, das ist meinbe_geh_ren.

Ko_met zu hauf, psalter und har_fe, wacht auf! lazet den

lob_ge_sang hö _ _ ren!

77. Lobe den Herren den mächtigen
b, neuere form.

Lo_be den Her_ren den mächti_gen kö_nig der
Mei_ne ge_lie_be_te see_le das ist mein be_

eh _ _ ren! Ko_met zu hauf psalter und har_fe wacht
geh _ ren.

auf! la_zet den lob_ge_sang hö _ _ ren.

78. Lobt Gott ihr Christen

Lobt Gott, ihr Christen al_le gleich, in sei_nem höchsten

tron: der heut schleuzt auf sein himel_reich, und schenkt uns sei_nen

Son, und schenkt uns sei_nen Son.

79. Machs mit mir Gott nach deiner güt

Machs mit mir Gott, nach dei_ner güt, hilf mir in
Ruf ich dich an, ver_sag mirs nit: wenn sich mein

mei_nem lei_den. so nim sie Herr in dei_ne hánd, ist
seel will scheiden;

al_les güt, wenn güt das end.

49.

80. Mag ich unglück nicht widerstan

Mag ich un glück nicht wi _ der stan, muz ungnad han der welt für
So weiz ich doch, es ist mein kunst Gotts huld und gunst die muz man

mein recht glau _ ben: Gott ist nicht weit, ein klei _ ne zeit er
mir er _ lau _ ben.

sich verbirgt, bis er erwürgt die mich sein s worts be _ rau _ ben.

81. Mit frid und freud ich far dahin

Mit frid und freud ich far da _ hin in Got tes wil _

le, ge trost ist mir mein herz und sinn, sanft und stil _ le.

Wie Gott mir ver heis zen hat der tod ist mein schlaf wor _ den.

82. Mitten wir im leben sind

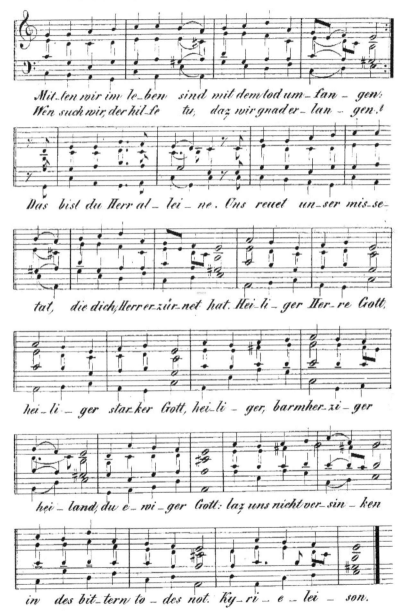

Mit_ten wir im le_ben sind mit dem tod um_fan — gen:
Wen such wir, der hil_fe tu, daz wir gnad er_lan — gen.t

Das bist du Herr al _ lei _ ne. Ons reuet un_ser mis_se_

tat, die dich, Herr er_zür_net hat. Hei_li_ger Her_re Gott,

hei_li_ger star_ker Gott, hei_li_ger, barmher_zi_ger

hei_land, du e_wi_ger Gott: laz uns nicht ver_sin_ken

in des bit_tern to_des not. Ky_ri_e_lei_son.

83. Morgenglanz der ewigkeit

Morgen glanz der e - wigkeit, licht vom un erschöpf ten lich -
Schick uns di se morgen zeit dei ne strulen zu ge sich

te: und ver treib durch dei ne macht uns re nacht.

84. Nun bitten wir den h. Geist

Nun bit ten wir den hei - li gen Geist um den rechten

glau ben al - ler meist: daz er uns be - hü te an unserm

en de, wañ wir heimfarn aus di sem e len - de.

Ký - ri e - leis.   sin ne nicht ver

85. Nun lob mein seel

Nun lob mein seel den Her _ ren, was in mir
Sein wol_tat tut er meh _ ren, ver_giz es

ist den na_men sein. Hat dir dein sünd ver_ge_
nicht, o her_ze mein.

ben, und heilt dein schwach _ _ heit groz; er _ rett dein
und heilt dein schwachheit groz

ar_mes le _ _ ben; nimt dich in sei_nen schoz, mit rechtem

trost be_schüt _ _ tet, ver_jüngt dem ad_ler gleich. Der

Herr schafft recht be_hü _ tet die lei_den_ den im reich.

Varianten zu Nun lob mein seel

Nun lob mein seel den Herr _ ren etc.
Sein wol_tat tut er meh _ ren etc.

ver_jüngt dem adler gleich. Der Herr schafft recht be_hü_tet

Ursprünglicher schluz:

die lei_den _ den im reich.

86. Nun freut euch lieben Christen

Nun freut euch lie_ben Christen gmein und lazt uns frö_lich
Daz wir ge_trost und all in ein mit lust und lie_be

sprin-gen,
sin _ gen: was Gott an uns ge-wendet hat, und sei-ne sü_ze

wunder_tat; gar teur hat ers er_wor_ben.

87. Nun danket alle Gott

a, in Freud.

Nun danket al_le Gott mit her_zen, mund und händen,
Der gro_ze din_ge tut an uns und al_len en_den!

Der uns von mut_ter leib und kin_des bei_nen an un_

zä_lig vil zu gut und noch jetz und ge_tan.

87. Nun danket alle Gott

b, in Leid.

Nun danket al_le Gott mit her_zen mund und händen,
Der gro_ze din_ge tut an uns und al_len en_den!

Der uns von mut_ter leib und kindes bei_nen an un_

zä_lig vil zu gut und noch jetzund ge_tan.

88. Nun kom der heiden heiland

Nach: Veni redemtor

Nun kom der hei-den hei-land, der jungfrauen kinderkant:

des sich wunder al-le welt; Gott solch geburt ihm bestellt.

89. Nun lazt uns Gott dem Herren

a., urspr. form.

Nun lazt uns Gott dem Herren dank sa-gen und ihn eh-ren von

we-gen sei-ner ga-ben, die wir em-pfangen ha-ben.

89. Nun lazt uns Gott dem Herren

b., neuere form.

Wach auf mein herz und singe dem schöpfer al-ler din-ge, dem

ge-ber al-ler gü-ter, dem fromen men-schen hü-ter.

90. Nun lazt uns den leib

Nun lazt uns den leib be-graben; daran wir kein zweifel haben,

er werd am jüngsten tag aufstehn, und unverwes-lich her-für gehn.

mit anderer harmonie:

lei ha_ben; er werd am jüngsten tag aufstehn, und

91. Nun sich der tag geendet hat

Nun sich der tag ge_en_det hat, und kei-ne soñ mehr scheint,

schläft al_les was sich ab-ge-matt und was zu vor geweint.

Variante

was sich ab_ge_matt, und was zu_vor ge_weint.

92. O daz ich tausend zungen

Erste melodie.

O daz ich tau-send zungen hät-te und ei-nen
So stimt ich da-mit in die wet-te vom al-ler-

tau-send-fa-chen mund: ein lob-lied nach dem an-dern
tief-sten herzens-grund

an von dem was Gott an mir ge-tan.

93. O daz ich tausend zungen

Zweite melodie.

O daz ich tau-send zun-gen hät-te, und ei-nen
So stimt ich da-mit in die wet-te vom al-ler-

tau-send-fa-chen mund: ein lob-lied nach dem an-dern
tief-sten her-zens-grund

an von dem, was Gott an mir ge-tan.

8.

94. O du armer Judas, w. hast

O du ar-mer Judas, was hast du ge-tan, daz du
Ach wir ar-men sünder, unsre misse--tat, darin

unsern Herren gar verra-ten hast? Darum muzt du leiden
wir em-pfangen und ge-bo-ren sind, hat gebracht uns alle

in der höllen pein, Lu-ci-fers ge-sel-le muzt du
in solch groze not, daz wir un-ter-worfen sind dem

ewig sein. Ky-ri--e e--le--i--son, Chri-
ewgen tod.

ste e--le--i--son, Kyri--e e--le--i--son.

95. O du liebe meiner liebe

a, urspr. form.

O du lie--be meiner lie-be, du erwünschte
Die du dich aus reinem triebe in das jamer-

se - lig - keit: deines lei - dens mir zu gu - te;
vol - le leid

als ein schlachtschaf ein - ge - stellt, und be - zalt mit

dei - nem blu - te ab - le mis - se - tat der welt.

25. O du liebe meiner liebe

b., neuere form

O durchbre-cher al - ler ban-de, der du im-mer
Bei dem scha-de, spott und schande lau - ter lust und

bei uns bist, ü - be fer - ner dein ge - rich - te
hi - mel ist:

wi - der un - sern adams - sinn, bis uns dein so

treu ge - sich - te fü - ret aus dem ker-ker hin.

96. O gesegnetes regieren

Herz und herz vereint zusamen sucht in Gottes herzen ruh:
Lâzet eu_re lie_bes flamen lodern auf den hei_land zu!

Er das haupt, wir sei_ne gli_der, er das licht und wir der schein;

er der meister und wir brüder, er ist un_ser wir sind sein.

97. O ewigkeit du donnerwort

O e_wig-keit, du donner_wort, o schwert das durch die
O e_wig-keit, zeit o_ne zeit: ich weiz für gro_zer

ser_te bort, o an_fang sonder en_de. Mein ganz er-
traurigkeit nicht, wo ich mich hinwen_de.

schröcknes her_ze bebt, daz mir die zung am gau_men klebt.

98. O Gott du fromer Gott

O Gott, du fro-mer Gott, du bruñquell gu-ter ga-ben,
On den nichts ist was ist, von dem wir al-les ha-ben:

ge-sun den leib gib mir, und daz in sol-chem leib ein

unver-lez-te seel und rein gewi-zen bleib. und rein ge-

99. O Herre Gott dein göttlich

O Her-re Gott, dein göttlich wort ist lang verdun-kelt blie-
Bis durch dein gnad uns ist gesagt, was Paulus hat ge-schrie-

ben, und an-de-re a-postel mehr aus deim göttli-chen mun-

de. Des dank wir dir mit fleiz daz wir er-le-bet han die stunde:

100. O Jesu Christ meins lebens licht

a, 1663.

O Je _ su Christ, meins le _ bens licht, mein hort mein

trost, mein zu-ver_ sicht! auf er_ den bin ich nur ein

b, * 1676.

gast, und drückt mich sehr der sünden last. mein hort mein

trost mein zu-ver sicht: auf er_den bin ich nur ein

c, ** 1704.

gast, und drückt mich sehr der sünden last. bin ich nur ein

gast, u. drückt mich sehr der sün_den last.

101. O mensch bewein dein sünde

O menschbeweindeinsünde groz, darum Christus seins
Von einer jungfraureinundzartfür uns er hie ge-

vaters schoz äuzert und kamauĝer — den. Den to-ten
boren ward, er wollt der mittler wer—den.

er das le_ben gab und legt darbei all krankheitab,

bis sich die zeit her-dran-ge, daz er für uns ge_

opfert würd, trug unsrer sünde schwere bürd wol

an dem kreuze ban—ge.

102. O lamm Gottes

O lam Got tes un-schul — — dig am stam deskreuzes ge-
Allzeit funden ge-dul — — dig, wie wol du warest ver-

schlachtet; All sünd hast du ge— tra— gen, sonst müzten
ach — tet.

wir ver-za-gen: er-barm dich un-ser o Je — — su!

103. O traurigkeit

O traurigkeit, o her-ze-leid.' ist das nicht zu be-

kla — gen! Gott des Va-ters einigs kind wird ins grab ge-tra-gen.

104. O welt ich muz dich lazen

a. ursprünglich.

In al — len mei-nen ta — ten laz ich den

73

104 O welt ich muz dich lazen

105. Psalm 42.

Freu dich sehr, o mei-ne see-le, und ver-giz all
Weil dich nun Chri-stus, dein Her-re, ruft aus di-sem

not und qual, Aus trüb-sal und gro-zem leid solt du
ja-mer-tal.

La-ren in die freud, die kein or je hat ge-hö-ret,

die in e-wig keit auch wä-ret.

106. Psalm 66. 98. und 118.

Preis lob und dank sei Gott dem Herren, der sei-ner men-schen

ja - - - mer wehrt und samelt draus zu sei-nen eh-ren, sich ei-ne

ew — ge kirch auf erd: die er von an — fang schön er bau — et

als sei — ne aus — er — wäl te stadt, die al — le — zeit auf

ihn ver — trau — et, sich tröstet sei — ner grozen gnad.

107. Psalm 134.

Herr Gott dich lo — ben al — le mir, und sol — len bil lig

dau — ken dir für dein ge — schöpf der en — gel schön

die um dich schweben in deim tron:

108. Ringe recht wenn Gottes

Ringe recht wen Gottes gnade dich nun ziehet und be-kehrt,

daz dein geist sich recht ent-la-de von der last die ihn beschwert.

109. Schmücke dich o liebe seele

Schmücke dich o lie-be see-le, laz die
Kom ans heb-le licht ge-gan-gen, fan-ge

dunkle sünden hö-le; Den der Herr voll heil und gnaden
herlich an zu prangen.

will dich jezt zu ga-ste la-den, der den hi-mel kan ver-

wal-ten, will jezt her-berg in dir hal-ten!

110. Seelenbräutigam

Wer ist wol wie du, Je_su, süſze ruh!

Un_ter vi_len auser_ko_ren, le_ben derer die ver_lo_ren,

und ihr licht da_zu: Je_su, süſze ruh!

111. Straf mich nicht in deinem

Strafmich nicht in deinem zorn, groſzer Gott ver_scho_ne;
Ach laſz mich nicht sein verlorn, nach verdienst nicht lo_ne.

Hat die sünd dich ent_zündt, lösch ab in dem lam_me

dei_nes grimmes flam_me. Für: lösch ab in dem lam_me.

112. Valet will ich dir geben

Vä - let will ich dir ge - ben, du ar - ge fal-sche welt:
Dein sündlich bö - ses le - ben durchaus mir nicht ge-fällt.

Im hi - mel ist gut wo - nen, hin - auf steht mein be-gir: da

wird Gott ehrlich lo - nen, dem, der ihm dient all - hier.

113. Vater unser im himelreich.

Vä - ter un - ser im hi - mel-reich, der du uns al-le heizest gleich

brüder sein und dich rufen an, und wilt das be - ten von uns han:

gib, daz nicht bet al - lein der mund, hilf daz es geh von herzensgrund.

114. Verzage nicht o fromer

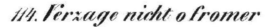

Ver_za_ge nicht, o fro_mer Christ, der du von Gott ge_

schaffen bist, ob gleich die zeit ist schwere: ver_trau du

dei_nem lie_ben Gott, der wird dich wol er_nä_ren.

115. Von Gott will ich nicht lazen

Von Gott will ich nicht lazen, den er läzt nicht von mir,
Fürt mich auf rechter strazen, da ich sonst ir_ret sehr!

Er rei_chet mir sein hand, den a_bend wie den morgen tut

er mich wol ver_sor_gen, sei wo ich wol im land.

116. Vom himel hoch da kom ich

Vom hi–mel hoch da kom ich her, ich bring euch gute neue

mär, der gu–ten mär bring ich so vil, da von ich sing und sa–gen will.

117. Wachet auf ruft uns

a, frühere form.

Wachet auf! ruft uns die stim – – me der wächter
Mitter – nacht heizt dise stun – – de, sie ru – fen

sehr hoch auf der zin – ne: wach auf, du stadt Je ru–sa–lem. Wol
uns mit hellem mun–de: wo seid ihr klu–gen jungfrauen?

auf der bräutgam kömt, steht auf die lampen nemt. Halle lu – ja!

Macht euch be reit zu der hochzeit: ihr müzet ihm ent ge–gen gehn.

117. Wachet auf ruft uns

b. spätere form

Wachet auf ruft uns die stim = me der wächter schr hoch
Mit-ter nacht heizt di-se stun = = de; sie ru-fen uns mit

auf der zin - ne: wach auf, du stadt Je-ru-sa-lem! Wol
hel-lem mun-de: wo seid ihr klu-gen jungfrauen.

auf der bräutgam kömt, steht auf die lampen nemt: halle-lu-ja!

Macht euch bereit zu der hochzeit: ihr müzet ihm ent-ge-gen gehn.

118. Warum sollt ich mich denn

Wa-rum sollt ich mich denn grä-men? hab ich doch Christum noch:

wer will mir den ne-men? Wer will mir den hi-mel rau-ben,

den mir schon Got-tes Son bei-ge-legt im glau-ben.

10.

119. Wär Gott nicht mit uns

Wär Gott nicht mit uns di – se zeit, so soll Is – ra – el sa –
Wär Gott nicht mit uns di – se zeit; wir hätten muzt ver – za –

gen, die so ein ar – mes häuf-lein sind, ver – acht von
gen,

so vil menschen kind, die an uns set – zen al – le.

120. Was Gott tut das ist

Was Gott tut das ist wol – ge – tan: es bleibt ge – recht sein
Wie er fängt mei – ne sa – chen an, will ich ihm hal – ten

wil – le. Er ist mein Gott der in der not mich wol weiz
stil – le.

zu er – hal – ten; drum laz ich ihn nur wal – ten.

121. Was mein Gott will das gscheh

a., Urspr. form:

Was mein Gott will geschah allzeit: sein will der ist der be - ste.
Zu helfen den er ist bereit, die an ihn glauben ve - ste.

Er hilft aus not der frome Gott, und züchti-get mit mazen:

wer Gott vertraut vest auf ihn baut, den will er nicht ver-la - - zen.

b, Spätere form.

Was mein Gott will geschah allzeit: sein will der ist der be - ste.
Zu hel-fen den er ist bereit, die an ihn glauben ve - - ste.

Er hilft aus not der frome Gott, und züchti - get mit ma - zen:

wer Gott vertraut vest auf ihn baut, den will er nicht ver la - - zen.

122. Wenn mein stündlein

a, Aeltere form.

Wenn mein stündlein vorhan – den ist, und soll hin–farn mein
mit hilf mich nicht ver–

stra–ze: so gleit du mich, Herr Je–su Christ, be – fehl ich dir in
la – ze! Mein seel an mei–nem lez–ten end

dei – ne hánd: du mollst sie mir be – wa – ren.

b, Spätere form.

Wenn mein stündlein vorhan–den ist, und soll hin–farn mein
mit hilf mich nicht ver–

stra–ze: so gleit du mich, Herr Je–su Christ, be – fehl ich
la – ze! Mein seel an mei–nem lez–ten end

dir in dei – ne hánd: du mollst sie mir be – wa – ren.

123. Wenn wir in höchsten nöten

Wenn wir in höchsten nö-ten sein, und wi-zen nicht wo

aus noch ein, und fin-den we-der hilf noch rat, ob

wir gleich sor-gen früh und spat.

124. Wer Gott vertraut

Wer Gott ver-traut hat wol ge-baut im himel und auf er-den,
Wer sich ver-läzt auf Je-sum Christ, dem muz der hi-mel werden.

Da-rum auf dich all hoffnung ich ganz vest und steif tu set-zen;

Herr Je-su Christ, mein trost du bist in to-des not and schmerzen.

125. Wer nur den lieben Gott

Wer nur den lie – ben Gott lázt walten, und höffet
Der wird Ihn wunder_lich er – halten in al_ler

auf ihn al – le zeit: Wer Gott dem al_ler_höchsten traut,
not und trau-rig-keit.

der hat auf kei – nen sand ge – baut.

126. Wer weiz wie nahe

Wer weiz wie na – he mir mein en_de? Hin geht die zeit her
Ach wie ge-schwinde, und be-hen-de kann komen meine

komt der tod: Mein Gott ich bitt durch Christi blut: machs nur mit
to - des not!

mei-nem ende gut.   bis mir das her_ze bricht.

*Variante zu
Schwill dich
lieben etc.*

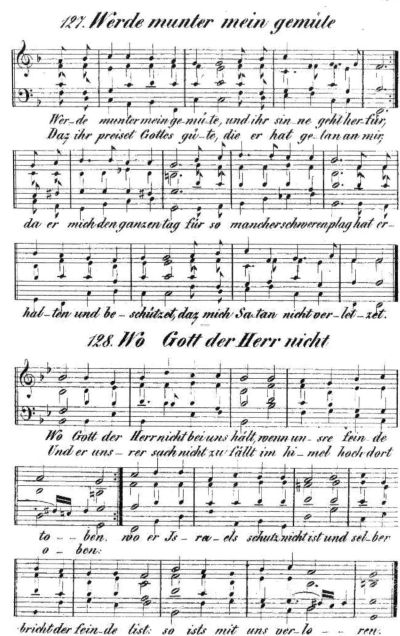

127. Werde munter mein gemüte

Wer-de munter mein ge-mü-te, und ihr sin-ne geht her-für,
Daz ihr preiset Gottes gü-te, die er hat ge-tan an mir;

da er mich den ganzen tag für so mancher schweren plag hat er-

hal-ten und be-schützet, daz mich Sa-tan nicht ver-let-zet.

128. Wo Gott der Herr nicht

Wo Gott der Herr nicht bei uns hält, wenn un-sre fein-de
Und er uns-rer sach nicht zu fällt im hi-mel hoch dort

to-ben. wo er Is-ra-els schutz nicht ist und sel-ber
o-ben:

bricht der fein-de list: so ists mit uns ver-lo-ren:

129. Wie schön leuchtet

Wie schön leuchtet der mor – gen–stern, voll gnad und
Du Son Da–vids aus Ja – cobs stam, mein kö – nig

warheit von dem Herrn, du sü – ze wur–zel Jes – se:
und mein bräuti–gam, hast mir meinherz be – se – zen.

Lieblich, freundlich, schön und her–lich, groz und ehr–lich,

reich von ga – ben, hoch und sehr präch–tig er–ha – ben.

130. Wo Gott zum haus nicht gibt

Wo Gott zum haus nicht gibt sein gunst, so ar–beit je – der–man um–

sonst, wo Gott die stadt nicht selbst bewacht, so ist um sonst der wächter wacht.

Quellennachweis.

Die fortlaufenden nummern beziehen sich auf die entsprechenden choralnummern. — Durchschozzene namen bezeichnen die wirklichen oder mutmazlichen verfazzer der melodien, undurchschozzene die urheber oder verleger von choralsammlungen.

1. Um 1604. — Goth. Cant. 1655. Erf. Gb. 1663. (Schein 1627, mit var.)
2. J. Vopelius Lpz. Gb. 1682.
3. Erfurter Enchir. 1524.
4. Weltlich. — (G. Joseph 1657.) J. Flittner 1661. Prax. Piet. 1676.
5. Mich. Frank 1657. Erf. Gb. 1663.
6. J. Kugelmann 1540.
7. Babst 1545. Schein 1627.
8. J. Rosenmüller? 1652. — Jac. Hintze 1690.
9. Vopelius Lpz. Gb. 1682.
10. König 1738. — J. Seb. Bach, Kühnau mit var.
11. Altkirchlich. — M. Weiss 1531. (Senfl. 1544. Pfalznb. KO. 1557. mit var.)
12. Strazb. KA. 1525.
13. Weltlich, Regnart, Nürnberg 1578. — Schein 1627.
14. Walther 1524. Klug 1535.
15. Weltlich? — Um 1560. Schein 1627. Erf. Gb. 1663. — b, Entw. 1853.
16. Altdeutsch, XII. jarh. — M. Weiss 1531. Klug 1535.
17. Umbildung aus nr. 16. — Walther 1524.
18. Weltlich? — Walther 1524.
19. Piet. Frank 1657? König 1738. — (Die lezte Zeile nach Knecht.)
20. Weltlich? — Um 1600. Vulpius 1609.
21. Altkirchlich. — M. Weiss 1531.
22. Aus nr. 16. — M. Weiss 1531.
23. Altkirchlich? — (Böhm. Br. 1544.) Calvisius 1597.
24. XV. jarh. — M. Veh 1537. Babst 1545. Ulm-Strazb. KG. 1616. Würtemb. KG. 1711. pag. 138.
25. Teleman 1730. Lu. Reichardt.
26. Altkirchlich. — M. Weiss 1531. Klug 1535.
27. Weltlich, Nigidius 1540. — Böhm. Br. 1566.
28. Freylinghausen 1704.
29. Altdeutsch, XV. jarh. — Walther 1524.
30. Prax. Piet. 1668. 1676.
31. Klug 1535. Eccard 1597. Schein 1627.
32. Altkirchlich? — Klug 1543. Tho. Ravenscroft. 1621.
33. **Luther** 1529. — Klug 1535.
34. J. Schop 1641.
35. Strazb. KA. 1525. Klug 1535.
36. Seth Calvisius 1594. Schein 1627.
37. Nic. Herman 1560. Selneccer 1587.
38. a, Weltlich. — Wttb. Gb. 1524. Pfalznb. KO. 1557. b, Klug 1543. Entw. 1853.
39. Weltlich? — Klug 1535.
40. Walth. 1524. M. Weiss 1531. Schein 1627.
41. J. Crüger 1656.
42. Altdeutsch, XV. jarh. — Walther 1524.
43. Altdeutsch, XV. jarh. — Walther 1524.
44. a, Heinr. Albert 1642. b, Entwurf 1853.
45. Altdeutsch, XV. jarh. — Walther 1524. Babst 1545.
46. Altkirchlich. — M. Weiss 1531.
47. Prax. Piet. 1668. Quirsfeld 1679.
48. Weltlich. — Walther 1524.
49. J. Crüger 1649.
50. Goth. Cant. 1651.
51. Nbg. Gb. 1677. (In geradem jedoch quantitirendem tact.)
52. Strazb. KA. 1524. Pfalznb. KO. 1557.
53. Bernh. Schmid tabulatur 1577. Dresd. Gb. 1593.
54. Weltlich, J. Leo Hassler 1601. — Görlitzer Gb. 1613.
55. J. Crüger 1640.
56. Weltlich um 1540. — Babst 1545.
57. Goth. Cant. 1715. Freylingh. (1704?) 1741. nr. 1059.
58. Klug 1535. Schein 1627.
59. Weltlich, Newsidler 1536. — Magd. Gb. 1540. Böhm. Br. 1544.
60. (M. Prætorius 1610.) J. Stobæus 1634.
61. Weltlich. — Wolders Gb. 1598.
62. Mich. Frank? — Erf. Gb. 1663. (Die beiden lezten zeilen nach Darmstadt. Gb. 1698. und Freyl. 1704.)

63. Weltlich. — Tabernacula pastorum, München 1650. — Erf. Gb. 1663. Prax. Piet. 1676. (nr. 28.)
64. Vulpius 1609. Goth. Cant. 2651. Prax. Piet. 1676.
65. J. Crüger 1649. Dresdn. Gb. 1656.
66. Darmst. Cant. 1687. Entw. 1853.
67. XV. jarh. — Walther 1524. Klug 1543.
68. Klug 1535. Wolff 1569. Zinckeisen 1584.
69. Klug 1535. Spangenberg 1545. Pfalznb. KO. 1557.
70. J. Crüger 1658.
71. Altdeutsch XV. jarh. — Walther 1524. Babst 1545.
72. Altkirchlich. — (Walther 1524) Klug 1535. Babst 1545.
73. Weltlich. — Ottl, Nbg. 1534. Straʒb. Gb. 1539. Babst 1545.
74. J. Schop 1641.
75. (Rud. Ahle 1664). — Freylingh. 1704.
76. Freylinghausen 1713. (Im ersten Halleluja zwei anfangsnoten gestrichen.)
77. a, Nach Joach. Neander 1680. und G. C. Strattner 1691.
    b, Freylingh. 1704. Entw. 1853.
78. Nic. Herman 1560.
79. J. Herm. Schein 1628.
80. Weltlich, Newsidler 1536. — Klug 1535.
81. Luther? — Walther 1524. Babst 1545.
82. Altdeutsch, XV. jarh. — Walther 1524.
83. Freylingh. 1704. Dretzel 1731. Lu. Reichardt.
84. Altdeutsch, XIII. jarh. — Walther (1524) 1525. Babst 1545.
85. J. Kugelmann 1540. Babst 1557. — (Die schluʒzeile nach Keuchenthal 1573. — Var. 1 und 2. bei Eccard 1597.)
86. Wttbg. Gb. 1524.
87. J. Crüger 1649.
88. Altkirchlich. — Erfurt. Enchir. 1524.
89. a, Nic. Selneccer 1587.
    b, Prax. Piet. 1676. Entw. 1853.
90. Rhau, Schulgesänge 1544.
91. Weltl., Krieger 1667. — Herzog 1670.
92. Gnadauer Choralb. 1784.
93. Dretzel 1731. pag. 722.
94. XV. jarh. — Ottl 1534. Senfl 1544. (Die beiden schluʒzeilen nach Lossius 1561.)
95. Darmst. Gb. 1698.
96. Weltlich? — Gnadauer Choralb. .784.
97. J. Crüger (1653.) 1657.
98. (Würtb. KG. 1711.) Dretzel 1731.

99. (Erf. Ench. 1527.) Klug 1535. Köphl 1537. J. Eccard 1597.
100. (Clauderi psalmodia 1636.) Erf. Gb. 1663. (O Jesu du mein ..) J. Seb. Bach nr. 308. — Var. 1. Prax. Piet. 1676. — Var. 2. Freylingh. 1704.
101. Straʒb. Gb. 1525. Köphl 1537. 1545. Goudimel 1562.
102. Magdb. Gb. 1540. Pfalznb. KO. 1557.
103. Cath. volksweise zu anfang des XVII. jarh. — J. Schop 1641.
104. a, Weltlich, XV. jarh. Nbg. 1539 — J. Hesse † 1547.
    b, Mich. Prætorius 1610.
105. Weltlich. — Heinrich von Orleans 1542. Guill. Franc um 1545.
106. Goudimel 1562. Böhm. Br. 1566.
107. Guill. Franc um 1545. Berger 1566. Wolff 1569.
108. Gnadauer Choralb. 1735. Lu. Reichardt.
109. J. Crüger 1649.
110. Ad. Drese 1698.
111. Geistl. Arien, Dresd. 1694.
112. Melch. Teschner 1613.
113. Einzeldruck 1539. Babst 1545.
114. Weltlich? — Schein 1627.
115. Joach. Magdeb., Tischgesänge 1572.
116. Weltlich? — Magd.Gb. 1540. Klug 1543.
117. a, (Phil. Nicolai 1599.) Schott 1603.
    b, Jakob Prætorius 1604.
118. J. G. Ebeling 1666.
119. Um 1544? Walther 1551. Wolff 1569.
120. J. Pachelbel? — Nbg. Gb. 1690.
121. a, Weltlich 1530. — Joach. Magdeb. 1572. J. Eccard 1597. Ulm-Straʒb. KG. 1616.
    b, Zeile 5. 6. nach Vulpius 1609; zeile 2. 8. Entw. 1853.
122. a, (Wolff 1569.) Ammonius 1583. (Zinckeisen 1584.)
    b, M. Prætorius 1610. Entw. 1853.
123. (Urmelodie Ps. 140.) — Eler 1588. Calvisius 1597.
124. J. Crüger 1640. — J. Crüger 1658.
125. G. Neumark 1657. Vopelius 1682.
126. Chn. Möck zu Ansbach † 1818.
127. J. Schop 1642.
128. (Pseudo-Wttb. Ench. 1525?) Klug 1543. Calvisius 1597.
129. Weltlich? — Phil. Nicolai 1599. Schott 1603. Schein 1627.
130. (Zwickauer Gb. 1525?) Klug 1535. Köphl 1537. Babst 1545.

Versmaſe.

Bei bezeichnung der versmaʒe bedeutet die erste ziffer die anzal der zeilen einer strofe, die darauf folgenden buchstaben deuten den rhythmus an: — j, jambisch; — t, trochäisch; — d, dactylisch; — jtd, jambisch-trochäisch-dactylisch; die hieran sich reihenden ziffern bedeuten die sylben der einzelnen verszeilen. Wenn zwischen solchen ziffern ein senkrechter strich steht, so bezeichnet er, daʒ die vorangehende zalenreihe sich widerholt, also 76 | s. v. a. 7676.

Vierzeiler.

	nr.
4 j. 76 |	
Christus der ist mein leben . .	20
4 j. 77 |	
Nun laʒt uns Gott dem Herren . .	89
4 t. 77 |	
Nun kom der heiden heiland	88
4 j. 86 |	
Lobt Gott ihr Christen alle gleich . .	78
Nun sich der tag geendet hat	91
4 j. 87 |	
Ich dank dir schon . . .	60
4 t. 87 |	
Ringe recht wenn Gottes gnade . . .	108
4 t. 8877	
Allenthalben wo ich gehe . . .	9
4 tj. 8878	
Jesus Christus nostra salus . . .	67
Jesus Christus ... der von uns . .	68
4 j. 8887	
Kom Gott schöpfer heiliger Geist	72
4 j. 8888	
Erhalt uns Herr bei deinem wort . .	32
Herr Jesu Christ dich zu uns wend .	50
Herr Jesu Christ meins lebens licht. .	51
Kom Gott schöpfer heiliger Geist . .	72
Nun laʒt uns den leib begraben . .	90
O Jesu Christ meins lebens licht . .	100
Psalm CXXXIV	107
Vom himel hoch da kom ich her . .	116
Wo Gott zum haus nicht gibt sein .	130
4dj. 11. 11. 11. 5	
Herzliebster Jesu was hast du	55

Fünfzeiler.

5 jt. 44776	
O traurigkeit	103

	nr.
5 j. 44787	
Ich dank dir schon	60
5 tj. 66884	
Christus ist erstanden, von des . .	22
5 tj. 86576	
Jesus Christus ... der den tod	69
5 t. 86886	
Ach wie flüchtig ach wie nichtig	5
5 jt. 87884	
Gelobet seist du Jesu Christ . . .	42
5 j. 88787	
Da Jesus an dem kreuze stund . . .	24
Verzage nicht o fromer Christ . . .	114
5 j. 88848	
Ich hab mein sach Gott heimgestellt .	61
5 j. 88874	
Diʒ sind die heilgen zehn gebot . . .	29
5 j. 88884	
Erschienen ist der herlich tag. . .	37
5 jt. 9. 9. 11. 10. 4	
Nun bitten wir den heiligen Geist	84
5. d. 14. 14. 4. 7. 8	
Hast du denn Jesu dein angesicht .	47
Lobe den Herren den mächtigen . .	77

Sechszeiler.

6 t. 446886	
Ach wie flüchtig	5
6 j. 447 |	
Ach Gott und Herr	1
Zeuch uns nach dir	2
6 t. 5 | 8 | 5 |	
Seelenbräutigam	110
6 t. 6 | 6 | 6 |	
Gottes Son ist komen . . .	46
6 t. 6 | 7 | 7 |	
Auf meinen lieben Gott	13
6 j. 776 |	
In allen meinen taten	104

84

93

Register.

88

97

※※※

KERN

DES DEUTSCHEN

KIRCHENGESANGS

ZUM GEBRAUCH

EVANGELISCH-LUTHERISCHER

GEMEINDEN UND FAMILIEN

HERAUSGEGEBEN

VON

DR. FRIDRICH LAYRIZ.

DRITTE UMGEARBEITETE UND SEHR VERMEHRTE AUFLAGE.

NOERDLINGEN,
DRUCK UND VERLAG DER C. H. BECK'SCHEN BUCHHANDLUNG.
1 8 5 5.

KERN

DES DEUTSCHEN

KIRCHENGESANGS

ZUM GEBRAUCH

EVANGELISCH-LUTHERISCHER

GEMEINDEN UND FAMILIEN

HERAUSGEGEBEN

VON

DR. FRIDRICH LAYRIZ.

ZWEITE ABTHEILUNG

CCXX WEISEN ENTHALTEND.

NOERDLINGEN,

DRUCK UND VERLAG DER C. H. BECK'SCHEN BUCHHANDLUNG.

1 8 5 5.

Quellennachweis.

Die fortlaufenden nummern beziehen sich auf die entsprechenden choralnummern. — Durchschoʒʒene namen bezeichnen die wirklichen oder mutmaʒlichen verfaʒʒer der melodien, undurchschoʒʒene die urheber oder verleger von choralsamlungen.

131. V. jarh. — Erfurt. Enchir. 1524. Klug 1543.
132. Urweise nr. 327. Gesius 1601.
133. Prax. Piet. 1662. Lüneb. Gb. 1686.
134. Straʒb. KA. 1525.
135. Cph. Demantius 1620. Goth. Cant. 1655.
136. Urweise nr. 84. nach den Böhm. Br. 1566.
137. Thom. Strutius 1656.
138. Corn. Heinr. Dretzel 1731.
139. H. Schütz 1628. Goth. Cant. 1655.
140. Weltlich? — M. Praetorius 1610.
141. IV. jarh. — Lossius 1553. Pfalznb. KO. 1557.
142. J. Crüger 1653. Nbg. Gb. 1677.
143. J. C. Kühnau 1786.
144. J. Crüger 1653.
145. Corn. Heinr. Dretzel 1731.
146. Vom herausgeber 1848.
147. J. W. Stadler zu Bayreuth, gest. 1819.
148. Weltlich. — Klug 1533. 1535.
149. M. Heinlein, Nbg. Gb. 1677.
150. Corn. Heinr. Dretzel 1731.
151. J. Crüger 1658.
152. Ap. v. Löwenstern 1644.
153. IV. jarh. — Bresl. Gb. 1525. Nbg. Enchir. 1527. Pfalznb. KO. 1557.
154. XV. jarh. Urweise: Surgit in hac die. — M. Weiss, 1531.
155. IV. jarh. — M. Weiss 1531. Zinckeisen 1584.
156. Vulpius 1609. Goth. Cant. 1651.
157. J. Crüger 1649.
158. Urweise nr. 104. — Vom herausg.
159. Urweise nr. 46. — Vom herausg.
160. J. Balth. König 1738. Zahn 1853.
161. Störl? — Freylinghausen 1704.
162. Nach einer böhm. weise. Böhm. Br. 1566. (v. Tucher nr. 10.) — Vom herausg.
163. Erh. Bodenschatz 1608.
164. Wolff 1569. Erhardi 1659.
165. J. G. Ebeling 1666.

166. Um 1690. — Teleman 1730. Kühnau 1790.
167. Vulpius 1609. Goth. Cant. 1655.
168. Ph. Em. Bach 1787. Kühnau 1790.
169. Graduale Rom. 1599. — Die melismen auf einfache noten reduciert vom herausg.
170. Nic. Selneccer 1587.
171. XV. jarh. Urweise: Magne pater Augustine. — Sigm. Neukomm 1841.
172. Freylinghausen 1704.
173. J. Crüger 1649.
174. Gesius 1601.
175. Weltlich? — Böhm. Br. 1566.
176. Melch. Franck 1631. Goth Cant. 1657.
177. Freylinghausen 1704.
178. Walter 1524. Hassler 1608. Schein 1627.
179. Freylinghausen 1704.
180. Köphl 1537. Zinckeisen 1584.
181. M. Weiss 1531.
182. XV. jarh. — M. Praetorius 1609.
183. Rud. Ahle 1662.
184. J. Balth. König 1738.
185. Freylinghausen 1713.
186. Freylinghausen 1704.
187. Freylinghausen 1704.
188. Wolff 1569. Keuchenthal 1573.
189. Andr. Hammerschmidt 1646.
190. Weltlich um 1556. — Gesius 1605.
191. Vulpius 1609.
192. Nach J. Seb. Bach um 1730.
193. H. Schütz 1628. Goth. Cant. 1655.
194. Barth. Helder 1635. Goth. Cant. 1655.
195. Melch. Franck 1631. Goth. Cant. 1651.
196. Freylinghausen 1713.
197. J. S. Harsow 1787. Kühnau 1790.
198. Urweise nr. 8. — Vom herausg.
199. Freylinghausen 1713.
200. H. Schütz 1628.
201. Corn. Heinr. Dretzel 1731.
202. Naue's Choralb. 1829. nr. 67.
203. Fridr. Hommel 1849.
204. Seth Calvisius 1597. Schein 1627.

Druckfehler

die man noch vor dem gebrauch zu berichtigen bittet.

Nr.	tact	note	im		statt	lies
Nr. 191.	tact 5.	note 3.	im	alt	statt g	lies *b*
„ 202.	„ 9.	„ 1.	„	alt	„ b	„ *a*
„ 211.	„ 12.	„ 4.	„	tenor	„ des	„ *d*
„ „	„ „	„ „	„	bass	„ h	„ *b*
„ „	„ 13.	„ 2.	„	bass	„ f	„ *fis*
„ 261.	„ 19.	„ 4.	„	tenor	„ b	„ *c*
„ 269.	„ 11.	„ 1.	„	alt	„ fis	„ *f*
„ 290.	„ 8.	„ 1.	„	tenor	„ b	„ *c*
„ 315.	„ 3.	„ 2.	„	alt	„ es	„ *f*
„ 316.	„ 9.	„ 3.	„	tenor	„ —	„ *g*
„ 319.	„ 1.	„ 1.	„	alt	„ c	„ *d*
„ 331.	„ 12.	„ 2.	„	tenor	„ es	„ *as*
„ „	„ 14.	„ 1.	„	alt	„ h	„ *a*
Nr. 352.	tact 10.	note 1.	im	alt	statt d	lies *h*
„ 354.	„ 6.	„ 1.	„	tenor	„ h	„ *c*
„ 363.	„ 9.	„ 1.	„	discant	„ b	„ *g*
„ 375.	„ 10.	„ 1.	„	bass	„ f	„ *es*
„ 397.	„ 4.	„ 1.	„	tenor	„ h	„ *d*
„ „	„ „	„ 9.	„ 3.	„ discant	vor a	„ *h*
„ 398.	„ 4.	„ 3.	„	bass	statt es	lies *c*
„ „	„ „	„ 15.	„ 1.	„	alt	„ d	„ *h*
„ 399.	„ 13.	„ 1.	„	alt	„ dis	„ *cis*
„ 405.	„ 4.	„ 2.	„	alt	„ d	„ *e*
„ 408.	„ 5.	„ 3.	„	tenor	„ h	„ *d*
„ 415.	„ 11.	„ 1.	„	tenor	„ h	„ *c*
„ 423.	„ 5.	„ 4.	„	tenor	„ c	„ *b*
„ 427.	„ 17.	„ 1.	„	bass	„ f	„ *es*
„ 431.	„ 5.	„ 3.	„	discant	„ as	„ *a*
„ 447.	„ 3.	„ 7.	„	alt	„ a	„ *h*
„ 461.	„ 12.	„ 2.	„	bass	„ fis	„ *e*
„ 554.	„ 4.	„ 1.	„	tenor	„ g	„ *gis*
„ „	„ 11.	„ 1.	„	tenor	„ g	„ *gis*
„ 568.	„ 8.	„ 1.	„	tenor	„ b	„ *c*
„ 585.	„ 8.	„ 1.	„	alt	„ b	„ *a*
„ 600.	„ 14.	„ 3.	„	alt	„ d	„ *c*

Zur beachtung für den buchbinder.

Beim zusamenbinden der drei abteilungen diser choralsamlung in einen band ist das bei der zweiten abteilung befindliche Verzeichnis der versmaze und Register hinter die dritte abteilung zu binden; die versmazverzeichnisse und register der 1. und 3. abteilung dagegen sind zu cassieren: nur die Quellennachweise sind bei jeder abteilung unversehrt beizubehalten.

131. A solis ortus cardine

A so - lis or - tus car - di - ne ad us - que
Christum wir sol - len lo - ben schon, der rei - nen

ter - rae li - mi - tem Christum ca - - na - mus princi -
magd. Ma - ri - ae Son, so weit die lie - be sonne

pem, na - tum Ma - ri - a vir - gi - ne.
leucht und an al - ler welt en - de reicht.

132. Ach bleib bei uns Herr J. Ch.

Ach bleib bei uns, Herr Je - su Christ, weil es nun

a - bend wor - den ist; dein wort, o Herr, das

e - wig licht, laß ja bei uns aus - lö - - schen nicht.

133. Ach Gott erhör mein seufzen.

Ach Gott, erhör mein seufzen und wehklagen, laß mich in

mei_ner not nicht gar verza_gen! Du weist mein schmerz erkennst mein

herz: hast du mirs auf ge_legt, so hilf mirs tra_gen!

134. Ach Gott wie lang vergißest mein.

Der Herr ist mein getreuer hirt, dem ich mich ganz ver_
Zur weid er mich sein schäflein fürt auf schöner grü _ ner

trau_e. Zum fri_schen waßer leit er mich, mein seel zu
au_e.

la_ben kräftig_lich durchs selig wort der gna _ _ den.

135. Ach lieben Christen seid getrost

Ach lie_ben Christen seid ge_trost, was tut ihr so ver_
Weil uns der Herr heim suchen tut, lazt uns von herzen

zagen? Die straf wir wol ver_dienet han, sol_ches behen ein
sagen:

je_der man, hie_mand darf sich aus_schliezen.

136. Ach mein Herr Jesu dein

Ach mein Herr Je su dein nahe_sein bringt grozen fri_den ins

herz hin_ein, und dein gnaden anblick macht uns so se_lig,

duz auch gebei_ne da_ru_ber frö_lich und dankbar wird.

137. Ach was für pein

Ach was für pein, mein Je _ su _ lein, hat dein leib

tragen mü _ zen! da du aus huld die frem _ de schuld

für mich hast mü _ zen bü _ _ zen.

138. Ach was ist doch unsre zeit

Ach was ist doch un _ sre zeit? flüchtig _ keit, ne _ bel,
Menschen können nicht be _ stehn, sie ver _ gehn wie die

rauch und wind und schatten: Un _ ser le _ ben fleucht behende:
blu _ men auf den matten.

mensch be _ den _ ke doch das en _ de.

139. Ach wie groz ist der feinde rott

All__lein zu Gott meinhoffnung steht: wie es mir geht, will
In not und wi_derwärtig__keit will ich all_zeit hart

ich auf ihn ver_trau en ; Er ist mein schutz drum teufel
und fest auf ihn bau__en.

trutz! trutz alter welt! Gott bei mir hält, für nie_mand soll mir grauen.

140. Ach wie weh ist meinem herzen

Ach wie weh ist mei_nem her_zen, Herr Gott in di_ser zeit!

Ich ver_geh für gro_zen schmerzen für trauern und für leid.

Ich seufz und kla_ge all nacht und ta_ge trost ist von mir ganz weit.

141. Ad coenam agni providi

Ad coe-nam ag-ni pro-vi--di et sto-lis
Nun last uns Christum lo-ben sein und mit ein-

al-bis can-di-di post trans-i-tum ma-ris ru-
an der frö-lich sein: der ty-rann ist mit sei-nem

bri Christo ca-na-mus princi-pi
heer er-sof-fen in dem roten meer.

142. Alle welt was lebt und webet

Al-le welt was lebt und webet, was in feld und häusern ist,
Was nur stimm und zunge he-bet, jauchze Gott zu je-der frist.

Die-net ihm, wer die-nen kann, tret mit lust zu ihm her-an.

143. An dir allein an dir

An dir al-lein, an dir hab ich ge-sün-digt und

ü_bel, Gott, vor dir ge_tan. Du sihst die schuld die mir den

fluch ver_kün_digt: sih, Gott! auch mei_nen jamer an.

144. Auf auf mein herz mit freuden

Auf, auf mein herz mit freu _ den nim war was
Wie komt nach grozem lei _ _ den nun ein so

heut ge_schicht: Mein hei_land war ge_legt.
gro_zes licht.

da wo man uns hin_trägt, wen von uns un_ser

geist gen hi_mel ist ge_reist.

145. Auf auf mein herz und du

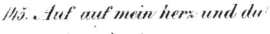

Auf, auf mein herz und du mein ganzer sinn schwing dich em-

por, und wirf das eitle hin. Heut hat das werk der schöpfung ange-

fangen, da diesem rund das licht ist auf-ge-gan-gen.

146. Auf hinauf zu deiner freude

Auf, hin-auf zu dei-ner freu-de, mei-ne see-le,
Weg, hin-weg mit dei-nem lei-de, hin, zu dei-nem

herz und sinn! Er ist dein schatz, Je-sus ist dein ein-zig le-
Je-su hin!

ben, will die welt kein ort dir ge-ben, bei ihm ist platz.

147. Auferstehn ja auferstehn wirst du

Auf- er stehn, ja auf-er- stehn wirst du,   mein staub, nach

kur- zer ruh!   Un- sterb- lichs le — ben   wird der dich

schuf dir   ge — ben. Hal — le — lu — — ja.

148. Aus fremden landen kom ich her

Vom hi — mel   hoch da kom ich her, ich bring euch

gu- te neu — e   mär, der gu- ten   mär bring ich so

vil, da- von ich   sing und sa — gen will.

2.

149. Aus der tiefen rufe ich

Aus der tie_fen ru_fe ich zu dir, Herr, er_hö_re mich:

dei_ne oh_ren gnädig leih, merk die fle_hend stim darbei.

150. Beschwertes herz leg ab die sorgen

Be_schwertes herz leg ab die sorgen; er_he_be dich, ge_
Es komt der freuden_rei_che morgen; du Gott zu ruhen

bücktes haupt! da Gott zu ru_hen hat be_fohlen
hat er_laubt,

und selbst die ru_he ein_ge_weiht: auf, du hast vil ver_

lor_ne zeit im dien_ste Got_tes ein_zu_ho_len.

151. Brunnquell aller güter

Brunnquell al – ter   gü – ter,   her scher der ge – mü – ter,
Stil – ler   al – ter   schmerzen, des – sen glanz und ker – zen

ie – ben di – ger wind! leh – re   mich zu al – len   zei – ten
mein ge – müt entzündt:

dei – ne kraft und lob   aus – brei – ten.

152. Christe du beistand

Christe, du bei – stand deiner kreuz ge – mei ne: ei – le, mit

hilf und ret – tung uns er – schei ne; steu – re den fein – den;

ih – re blut – ge – dichte, mache zu nichte, mache zu nich – te.

153. Christe qui lux es et dies

Christe, qui lux es et di - es no - ctis te -
Christe, der du bist tag und licht, vor dir ist,

nebras de - te - gis, lu - cis - que lu - men cre - de -
Herr, verbor - gen nicht, du vä - ter - li - chen lich - tes

ris, lu - men be - - a - tum prae - di - cans.
glanz, lehr uns den weg der war - heit ganz.

154. Christus ist erstanden, hat

Christus ist er - standen, hat ü - ber - wun - den! Gnad ist nun vor -
Singet al - le zungen, sprecht halle lu - ja! Lob sei dir ge -

handen, warheit wird funden! Da - rum lieben leu - te, freut euch
sungen und halle - lu - ja! Der du erstanden bist, o

heu - te! lo - bet eu - ren Herren: Je - sum den Kö - nig der ehren!
Jesu Christ preis sei deinem namen nun und in e - wig - keit. Amen!

117

155. Conditor alme siderum

Con - di - tor al - me si - de - rum, ae - ter - na
O Herr Gott, schöpfer al - ler stern, ein ewigs

lux cre - den - ti - - um, Christe re - dem - tor om - ni -
licht der gläu bi - - gen, Herr Christ der gan - zen welt hei -

um: ex - au - di pre - ces sup - pli - eum.
land: laz un - ser bitt dir sein be - kannt.

156. Da der herr Christ zu tische saz

Jhr ar - men sünder, komt zu hauf, komt eilig, komt und macht euch auf

mühse - lig und be - la - den: hier öff - net sich das Je - sus herz

für al - le, die in reu und schmerz erkennen ihren scha - - den.

159. Den die engel droben

Den die engel dro_ben mit ge_ san_ge lo_ _ ben,

dem sie e_wig die_ nen, der ist uns er_ schie_nen.

160. Der am kreuz ist meine liebe

Der am kreuz ist mei_ne lie_ be, mei_ ne lieb ist
Wey ihr ar_ gen see_ len_ _ die_be, Sa_ tan welt und

Je_ sus Christ. Eu_re lieb ist nicht von Gott, eu_re lieb ist
flei_ sches lüst!

gar der tod. Der am kreuz ist mei_ ne lie_ be, weil ich

mich im glau_ben ü_ _ be.

161. Der schmale weg

Der schmale weg ist breit ge-nug zum le - ben,

wen man nur sacht und grad und stil-le geht, so wird man

nicht so leichtlich um-ge-weht: man muz sich recht hinein be-

ge-ben, so ist er breit genug zum fro - men le - ben.

162. Der tag vertreibt

Der tag ver-treibt die fin - stre nacht: o brü-der,

seid mun-ter und wacht; die-net Gott dem Her - - ren!

121

163. Der tag hat sich geneiget

Der tag hat sich ge=neiget, die nacht herfür jezt naht:
Gott sei ge=be=ne=dei=et, der uns be=schützet hat

durch seine mil=de gü===ten, er=hält uns leib und

seel, moll uns fortan be=huten, für al=lem unge=fäll.
fürs teufels list und muten,

164. Der vom gesetz gefreiet war

Ge=danke der uns le=ben gibt, wer kann dich

ganz durch=den===ken! Al=so hat Gott die welt ge=

liebt, uns sei=nen Son zu schen=ken.

165. Die güldne sonne

Die güldne son — ne, voll freud und wonne, bringt unsern

grenzen mit ihrem glänzen ein herz er-quicken-des liebli — ches licht.

Mein haupt und glider die la — gen dar-ni-der: a-ber nun steh ich, bin

munter und frölich, schaue den hi-mel mit meinem ge-sicht.

166. Die nacht ist vor der tür

Die nacht ist vor der tür und ligt schon auf der er — den:
Mein Je — su trit her-für und laz es hel-le werden.

Bei dir, o Je — su-lein! ist lau-ter sonnen — schein.

167. Die helle sonn leucht izt herfür

Die hel_le sonn leucht izt her_für, frö_lich vom

schlaf aufste_hen wir: Gott lob, der uns heint di_se

nacht be_hüt hat für des teu_fels macht.

168. Die himel rümen des ewigen ehre

Die hi_mel rü_men des e_wi_gen eh_re, ihr

schall pflanzt seinen na_men fort. Jhn rümt der erdkreiz, ihn

preisen die mee_re: ver_nim, o mensch ihr göttlich wort.

169. Dies irae dies illa

1. Di - es i - rae, di - es il - la solvet saeclum in fa - vil - la,
2. Quantus tremor est fu - tu - rus, quando judex est ventu - rus,

te - ste Da - vid cum Si - byl - la. 3. Tuba mi - rum spargens sonum
cuncta stricte dis - cus - surus. 4. Mors stupebit et na - tu - ra,

per se - pul - cra re - gi - onum co - get omnes an - te tronum.
cum re - sur - get cre - a - tu - ra, ju - di - canti respon - su - ra.

5 Li - ber scriptus pro - fe - re - tur, in quo to - tum con - ti - ne - tur,
6 Ju - dex er - go cum se - de - bit, quidquid la - tet ap - pa - re - bit,

Dise drei Teile werden
drei mal widerholt, ein jeder
zu 2 mei strofen, für den drit-
ten teil bleibt jedoch das dritte
mal nur Eine übrig.

un - de mun - dus ju - di - - ce - tur.
nil in - ul - tum re - ma - ne - bit.

18 La - cry - mo - sa di - es il - la, qua re - sur - get ex fa - vil - la

Ju - di - candus ho - mo re - us: hu - ie er - go par - ce De - us.

Pi - - e Je - su Do - mi - ne, do - na e - is.

re - - qui - em. A - - - men.

170. Diz jar wir han nun auch erlebt

Diz jar wir han nun auch erlebt, Gottlob im höchsten tron!
Sein gnad hat stätsum uns geschwebt, sonst würn wir längst daoon!

Da - hin wär unser le - ben bald, all sinn und mut und all ge -

statt, all re - gi - ment und frid, all re - gi - ment und frid.

22

171. Du bild der demut

Man krönt dich mit der dor-nen kro-ne, man beuget
Nun sixst du auf dem höchsten tro-ne, ich beug mich

sich aus spott vor dir;   Ich grü-ze dich, mein her-zens
auch im geist all-hier.

kö-nig, mein herz sei dir ein kö-nig — reich: trag ich die

dornenkron ein' we-nig, so werd ich dir auch dro-ben gleich.

172. Du bist ja Jesu meine freude

Du hast o held! ja ü-ber-wunden: gib mir auch
Und laz mich in des kampfes stunden er-fa-ren

ü-ber-windungskraft! dadurch du al-les hast be-si-get
was dein lei-den schafft.

127

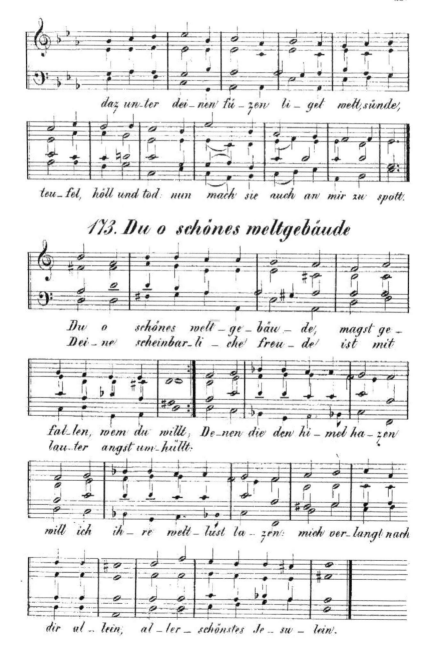

daz un-ter dei-nen fü- zen li-get welt,sünde,

teu-fel, höll und tod: nun mach sie auch an mir zu spott.

173. Du o schönes weltgebäude

Du o schönes welt-ge-bäu-de, magst ge-
Dei-ne scheinbar-li-che freu-de ist mit

fal-len, wem du willt; De-nen die den hi-mel ha-zen
lau-ter angst um-hüllt:

will ich ih-re welt-lust la-zen: mich ver-langt nach

dir al-lein, al-ler-schönstes Je-su-lein.

174. Du fridefürst Herr J. Christ

Du fri — dens fürst, Herr Je — su Christ, warmensch und
Ein star—ker not—hel—fer du bist im le — ben

wa—rer Gott: Drum wir al—lein im na—men dein
und im tod.

zu dei—nem va — — ter schrei — en.

175. Ein edler schatz der weisheit

Ein ed—ler schatz der weisheit ist Got tes wort und lehr,
Des freut sich in der wurheit das ganze christlich heer.

Denn es ist des heils licht, drin al—le frome her—zen sehn Christi

an—ge—sicht, und sein ge—ruch zum le ben in al—ler welt ausbricht.

129

176. Ein würmlein bin ich arm

Ein würmlein bin ich arm und klein, mit to – des – not um –
Kein trost weiz ich in mark und bein, im ster – ben und im

ge – ben. denn daz du selbst, Herr Je – su Christ, ein ar – mes
le – ben,

würmlein worden bist: ach Gott, er – hör mein kla – gen.

177. Eins Christen herz sehnt sich

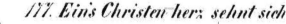

Eins Christen herz sehnt sich nach ho – hen din – gen; ein irdisch
Hält Gott die seel, kann sie kein welt geist zwingen, weil Gottes

herz nach dem, was irdisch heizt. Gott ist ge – treu, wenn man sich
kraft sie stärkt und zu sich reizt,

zu ihm wen – det: er fängt wol an, er mittelt, er vollen – det.

178. Erbarm dich mein o Herre Gott

Erbarm dich mein, o Herre Gott, nach dein grozer barmher-zig-keit,
Wasch ab mach rein mein missetat, ich kenn mein sünd und ist mir leid.

Al-lein ich dir ge-sündigt han, das ist wi-der mich stä-lig-lich, das

bös vor dir mag nit be-stan, du bleibst gerecht ob ur-teilst mich

179. Erleucht mich Herr mein licht

Das ist des glaubens wort und dür-sti-ges ver-lan-gen: Herr

Je-su sei mein hort, versö-ner herr und schild, und für mich wie du

will, dein bin ich wie ich bin, nim mich zu ei-gen hin.

180. Erzürn dich nicht o fromer Christ

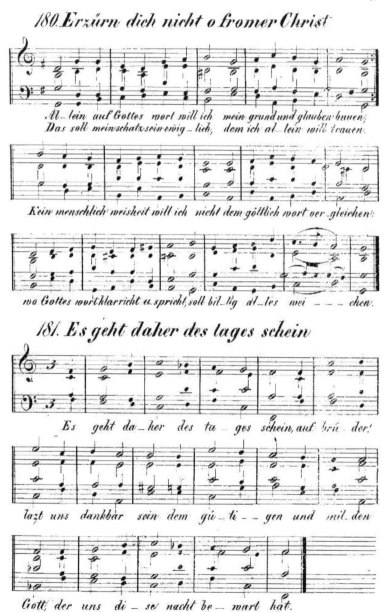

Al lein auf Gottes wort will ich mein grund und glauben bauen,
Das soll mein schatz sein ewig lich, dem ich al lein will trauen.

Kein menschlich weisheit will ich nicht dem göttlich wort ver gleichen,

wo Gottes wort klarricht u. spricht, soll bil lig al les wei chen.

181. Es geht daher des tages schein

Es geht da her des ta ges schein, auf brü der!

lazt uns dankbar sein dem gü ti gen und mil den

Gott, der uns di se nacht be wart hat.

182. Es ist ein ros entsprungen

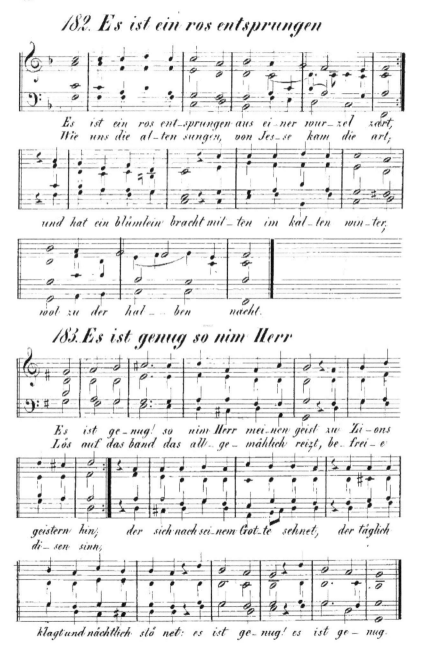

Es ist ein ros ent-sprungen aus ei-ner wur-zel zart,
Wie uns die al-ten sungen, von Jes-se kam die art;

und hat ein blümlein bracht mit-ten im kal-ten win-ter,

wol zu der hal — ben nacht.

183. Es ist genug so nim Herr

Es ist ge-nug! so nim Herr mei-nen geist zu Zi-ons
Lös auf das band das all-ge-mählich reizt, be-frei-e

geistern hin; der sich nach sei-nem Got-te sehnet, der täglich
di-sen sinn;

klagt und nächtlich stö-net; es ist ge-nug! es ist ge-nug.

184. Es ist nun aus mit meinem

Es ist nun aus mit mei–nem le – ben,   Gott nimt es
So will ich glaubend mich be – rei – – ten;   von di – sem

hin der es ge – ge – ben;   be – frei – et   mich von al – lem leid.
le – ben ab zu scheiden;   mir stralt das glück der e – wig–keit.

Gelobt sei Gott, es ist voll–bracht! Welt gu–te nacht! welt gu–te nacht.

185. Es ist vollbracht vergiz ja

Es ist voll–bracht, ver–giz ja nicht diz wort, mein herz, das Je–sus spricht;

da er am kreu–ze für dich stir–bet,   und dir die

se–lig–keit er – – mir–bet;   da er, der al–les, al–les

wol ge – macht; nun–meh–ro sprichts es ist voll – – bracht.

186. Es kostet vil ein Christ

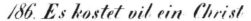

Es ko _ stet vil, ein Christ zu sein, und nach dem sinn des

rei _ nen geistes le _ ben; denn der na _ tur geht es gar

sau _ er ein, sich im _ mer _ dar in Chri _ sti tod zu ge _

ben, und ist hier gleich Ein kampf wol aus _ ge _ richt, das

machts noch nicht, das machts noch nicht!

187. Fare fort :/: Zion fare fort

Fa _ re fort, fa _ re fort! Zion, fa _ re fort

fort im licht! Mache deinen leuchter helle, laß die erste

liebe nicht, suche stäts die lebens quelle: Zion, dringe

durch die enge pfort, fa — re fort, fa — re fort.

188. Freu dich du werte

Freu dich du werte Christenheit, lobe Gott in

e — wig-keit! Der am kreuz ist gehangen, der ist vom

to — de aufer — standen. Halle — lu-ja, hal le — lu — ja.

189. Freuet euch ihr Christen alle

A. Chor: Zum anfang und zum schluz

Hal - le - lu - ja, hal - le - lu - ja, hal - le - lu - ja,

hal - le - lu - ja! Hal - le - lu - ja, hal - le - lu - ja,

hal - le - lu - ja, hal - le - lu - ja! Hal - le - lu - ja,

hal - le - lu - ja, hal - le - lu - ja, hal - le - lu - ja.

B. Gemeinde.

Freuet euch ihr Christen al - le, freu - e sich wer immer kann,

Gott hat vil an uns ge - tan: freuet euch mit grozem schalle,

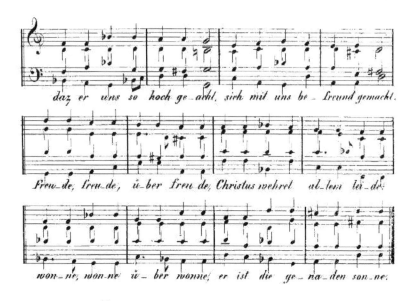

daz er uns so hoch ge acht, sich mit uns be Freund gemackt.

Freu_de, freu_de, ü_ber freu de, Christus wehret allem lei_de,

won_ne, won_ne, ü_ber wonne, er ist die ge_na_den son_ne,

190. Geduld diesolln wir haben

Ge _ duld die solln wir ha ben all_hie auf di_ser erd
Und al_len un_fall tra_gen, da zu sein un_be_schwert.

Ge _ duld ge_hört zu al_lem das uns der un_fall

bringt:bitt Gott, daz dirs ge_fal_le, wenn un_glück mit dir ringt.

191. Gelobt sei Gott im höchsten tron

Ge _ lobt sei Gott im höchsten tron samt seinem ein _ ge _

bor _ nen Son, der für uns all hat gnug ge _ tan.

Hal _ le _ lu _ ja, Hal _ le _ lu _ _ ja Hal _ le _ lu _ ja.

192. Gib dich zufriden.

Gib dich zu _ fri _ den und sei stil _ _ le in dem Gott _ te
In ihm ruht al _ ler freu _ den fül _ _ le, an ihn mußt du

dei _ nes le _ bens; Er ist dein quell und dei _ ne son _ ne;
dich ver _ ge _ bens.

scheint täglich hell zu dei _ ner won _ ne: gib dich zu _ fri _ _ den.

193. Gleichwie ein hirsch eilt

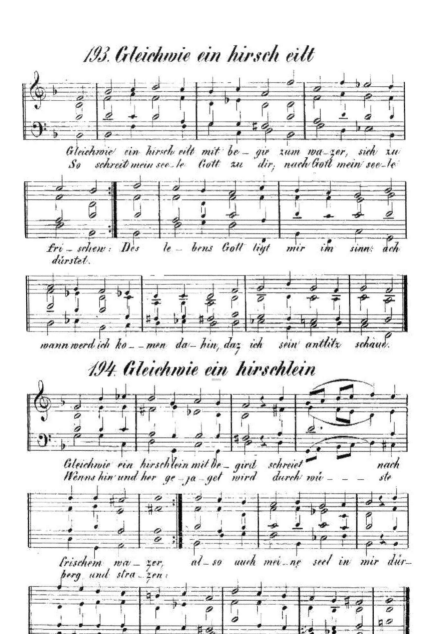

Gleichwie ein hirsch eilt mit be — gir zum wa-zer, sich zu
So schreit mein see-le Gott zu dir, nach Gott mein see-le

fri — schen: Des le — bens Gott ligt mir im sinn: ach
dürstet.

wann werd ich ko — — men da — hin, daz ich sein antlitz schau.

194. Gleichwie ein hirschlein

Gleichwie ein hirschlein mit be — girt schreiet nach
Wenns hin und her ge — ja-get wird durch wü — — — ste

frischem wa — zer, al — so auch mei — ne seel in mir dür—
berg und stra — zen:

stet und schreit, Herr Gott, zu dir mit sehn — li — chem ver lan — gen.

195. Gen himel aufgefaren ist

Gen himel auf-ge-fa-ren ist, hal-le - lu - - ja,

der fürst der eh-ren Je-sus Christ, Hal-le - lu - - ja.

196. Gott den ich als liebe kenne

Gott, den ich als lie-be ken-ne, der du krankheit auf mich legst,

und des lei-dens flut erregst, daz ich da-von hitz und brenne:

brenne doch das bö-se ab, das den geist bis her ge-hin-dert,

das der lie-be regung mindert, die ich öf-ters von dir hab.

197. Gott ist mein lied

Gott ist mein lied! Er ist der Gott der stär_ke, hehr ist sein

nam, und groz sind sei_ne wer_ke und al_le hi_mel sein ge_biet.

198. Gott lebet noch seele was

Gott le_bet noch: seele was ver_zagst du doch!

Gott ist gut, der aus er_barmen al_le hilf auf er_den tut,
der mit kraft und starken armen machet al_les wol und gut.

Gott kann be_zer als wir den_ken al_le not zum be_sten len_ken

seel_le, so be_den_ke doch, lebt doch un_ser Herr Gott noch.

199. Gott ist getreu der über

Gott ist ge-treu der über mei-ne kräfte mich armes kind noch
Vil-leicht geschihts daz in dem angstgeschäfte der traurigkeit er

niemals hat ver-sucht. mein herz du sollst es sehen, was dir für
mich noch heut be-sucht:

hil-fe sei in kür-zer zeit ge-sche-hen Gott ist ge-treu.

200. Gott mein geschrei erhöre

Gott mein ge-schrei er-hö - - re, und merk auf
In mei-ner angst so schwe-re, wenn mich trüb-

mein ge-bet, hie - - ni-den auf der er--den mein
sal an-geht

herz sinn und be--ger-den hab ich zu dir ge-richt.

201. Gott sorgt für dich

Gott sorgt für dich: was willst du dich vil pla — gen

mit dei — ner sorg o mensch, und gar ver — za — gen!?

Du bist sein kind, er wird dich nicht ver — la — zen;

trau nur auf ihn, so wird dein herz sich fa — zen.

202. Gott wills machen

Gott wills machen, daz die sachen ge — hen, wie es heil-sam ist.

Laz die wel-len sich ver-stel-len, wenn du nur bei Je — — su bist.

203. Grozer mittler der zur rechten

Grozer mittler, der zur rechten sei-nes grozen va — ters sizt,
Und die schar von seinen knechten in dem reich der gna-den schüzt.

den auf dem er-habnen tro ne in der kö-nig-li-chen krone

al-les heer der e-wig-keit mit ver hüll-tem ant-litz scheut.

204. Helft mir Gotts güte preisen

Helft mir Gotts gü-te prei — — sen, ihr lie-ben kin-de-lein,
Mit sang und an-dern wei — sen ihm all zeit dankbar sein

für-näm-lich zu der zeit da sich das jar tut en-

den, die sonn sich zu uns wen — — den, das new-jar ist nicht weit.

205. Herodes hostis impie

He - ro - des hostis im - pi - - e, Christum ve -
Was fürchst du, Feind He - ro - - des, sehr, daz uns ge -

ni - - re quid ti - - mes! Non ar - ri - pit mor-ta - li -
born kumt Christ der Herr? Es sucht kein sterblich kö - nig -

a, qui regna dat coele- sti - a.
reich, der zu uns bringt sein himel- reich!

206. Herr geuz deines zornes wetter

Herr, geuz deines zornes wet-ter, deines grimmes sturm und

braus ü- ber mich nicht gänzlich aus, sei mir gnädig, mein er - retter!

Sih, ich li- ge schwach darnieder, heile mein zerschellte glider.

207. Herr Gott der du mein vater

Herr Gott, der du mein vater bist, ich schrei im namen Je _ su Christ

zu dir, auf sein wort, eid und tod: hör hel-fer treu in angst und not.

208. Herr Gott nun schleuz den

Herr Gott nun schleuz den hi _ _ mel auf: mein zeit zum/
Ich hab voll _ en _ _ det mei _ nen lauf: des sich mein

end sich nei _ get. Hab gnug ge _ lit _ ten, mich müd ge_
seel sehr freu _ et.

stritten, schick mich fein zu zur ew _ gen ruh. Laz fa _ ren/

was auf er _ _ den, will lie_ber se _ lig wer _ _ den.

209. Herr Gott mein heiland from

Herr Gott, mein hei - land from, ich schreie tag und
Mein be - ten vor dich kom, dein gna-dig o - ren

nacht für dir; Voll ja - mers ist die see - le mein; mein le - ben
neig zu mir!

nah der höll tut sein.

210. Herr Jesu Christ du höchstes gut

Herr Je - su Christ, du höchstes gut du brunnquell der ge -
Sih doch wie ich in mei - nem mut mit schmerzen bin be -

na - den; und hab in mir der pfei - le vil, die
la - - den,

im ge - wizen o - ne zil mich ar - men sün - - der drücken!

211. Herr Jesu Christ mein Herr

Herr Je - su Christ, mein Herr und Gott, laz mich doch nicht verderben;
Dein teu - res blut, dein bit - tern tod laz sein mein trost im sterben.

Denn gwis glaub ich, daz du für mich am kreuz dein blut ver - go - zen,

von, sünden mein mich gwaschen rein, den hi - mel auf - ge - schlo - zen.

212. Herr Jesu ewges licht

Herr Je - su, ew - ges licht, das uns von Gott anbricht, pflanz

doch in uns - re her - zen recht hel - le glaubens ker - zen; ja

nim uns gänzlich ein, du heil - ger gnaden - schein.

213. Herr schaff mir recht

Frisch auf, mein seel ver za — ge nicht, Gott wird sich dein erbarmen;
Rat, hilf wird er dir tei len mit: er ist ein schutz der armen.

Obs oft geht hart im ra sen gart kann man nicht all zeit sit — zen.

Wer Gott ver traut, hat wol gebaut, den will er e — wig schützen.

214. Herr wie du willst so schicks

Herr, wie du willst, so schicks mit mir im le — ben und im
Al — lein zu dir steht mein be — gir: laz mich, Herr nicht ver —

ster ben: Er — halt mich nur in dei ner huld: sonst wie du
der ben. —

millst, gib mir ge — duld, denn dein will ist der be — ste.

215. Herr und ältster deiner

Die wir uns all hie bei — sa — men sin den, schlagen uns — re
Uns auf dei — ne marter zu ver — bin — den, die auf e — wig

hän — de — ein; Und zum zei — chen, daz diz lob — ge — tö — — ne
treu zu sein.

dei — nem her — zen an — ge — näm und schö — ne, sa — ge A — men!

und zu gleich: fri — de, fri — de sei mit euch!

216. Herzlich vertrau du deinem

Herz — lich ver — trau du dei — nem Gott, der dich er — lö — set

hat, er wird dich fürn aus al — ler not, es sei früh o — der

spat. Dar_an tragkei nen zweifel nicht, er ist der rech te

mann setz nur auf Gott dein zu ver sicht, er wird dich nicht ver_lan.

217. Heut triumpfieret Gottes Son

Heut tri_um pfie_ret Got_ _ tes Son, der von dem

tod er_stan_den schon, hal_le_lu_ja, hal_le_lu_

ja! mit gro_zer pracht und her_ _lich_keit, des dank wir

ihm in e_wig_keit, hal_le_lu_ja, hal_le_lu_ju.

218. Hie lig ich armes würmelein

Hie lig ich armes würmelein, und schlaf in meim ruh-
Mein leib bescheid ich di ser erd, bis daz ich auf er_

bet-te-lein, Mein seel be-fehl ich dir, Herr Christ,
mecket werd.

die mit deim blut be-sprengel ist.

219. Hilf helfer hilf in angst und not

Hilf hel-fer, hilf in angst und not, er- barm dich

mein, o treuer Gott: ich bin ja doch dein liebes kind, trotz

teu-fel, welt und al- ler sünd, und al- ler sünd.

220. Hochheilige Dreieinigkeit

Hoch hei li ge Dreiei nig-keit. die du so süz und
Mich hast ge schaffen in der zeit zu dei-nem é-ben

mil de ach daz ich doch von herzens grand dich
bil de.

lie ben möchte al le stund! Drum kom doch, und zeuch ein bei

mir, mach wonung und be reit mich dir.

221. Höchster priester der du dich

Höchster priester der du dich selbst ge opfert hast für mich:

laz doch, bitt ich, noch auf er den auch mein herz dein opfer werden.

222. Höchster könig Jesu Christ

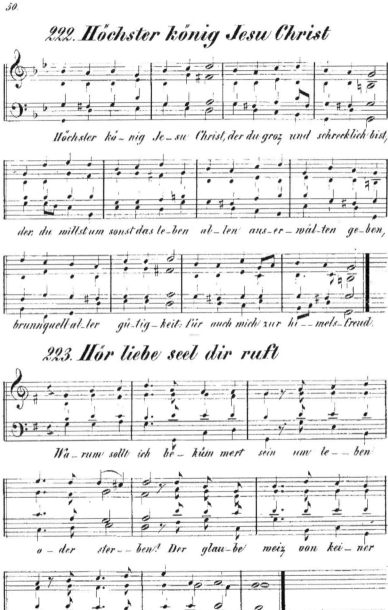

Höchster kö‐nig Je‐su Christ, der du groz und schrecklich bist,

der, du willst um sonst das le‐ben al‐len aus‐er‐wäl‐ten ge‐ben,

brunnquell al‐ter gü‐tig‐keit: für auch mich zur hi‐‐mels‐freud.

223. Hör liebe seel dir ruft

Wa‐rum sollt ich be‐küm mert sein um le‐‐ben

o‐der ster‐‐ben? Der glau‐be meiz von kei‐ner

pein und täzt mich nicht ver‐der‐ben!

224. Jam lucis orto sidere

Jam lu — cis or — to si — de — re de — um pre—
Die nacht ist hin, der tag bricht an; zu Gott ruf

ce — mur sup—pli — ces, ut in di — ur — nis a — cti—
in — nig je — der — man, daz er uns heut herz mund und

bus no'ts ser — vet a no — cen — ti — bus.
hand be — war vor sünd und teu—fels land

225. Jam moesta quiesce querela

Jam moe—sta qui — es — ce que — re — la la — ori
Hört auf zu wei — nen und kla — gen, weint

mas sus—pen—di — te ma—tres: nul—lus su — a—pig — no — ra
nicht als wollt ihr ver — za — gen: Gott soll man nicht wi—der—

plan—gat, mors hac re — pa — ra — ti — o vi—tae est:
stre — ben, durch den tod gehn wir ins le — ben.

226. Jauchzet dem Herren alle land

Wärn mei—ner sünd auch noch so viil, den—noch ich

nicht ver—za—gen will: Christ will ich la—zen wal—ten;

der al—le sünd megnimt und trägt den will ich la—zen wal—ten.

227. Ich armer mensch doch gar

Ich ar—mer mensch doch gar nichts bin, Gottssonal—lein ist mein gewinn:

daz er mensch worden, ist meintrost, er hat mich durch sein blut er—lost.

228. Ich laz dich nicht du muzt

Ich laz dich nicht, du hilf in al len nö—ten! leg joch auf

157

joch: ich hof-fe doch; auch wen es scheint, als woltest du mich tö-

den. Machs wie du willst mit mir: ich wei-che nicht von dir,

ver-stel-le dein ge-sicht, du hilf in al-len nö--ten!

Ich laz dich nicht, ich laz dich nicht.

229. Ich singe dir mit herz und mund

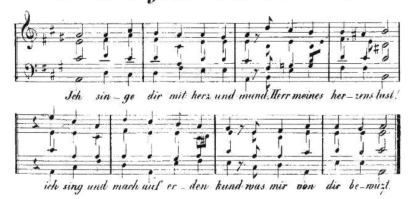

Ich sin-ge dir mit herz und mund, Herr meines her-zens lust!

ich sing und mach auf er-den kund was mir von dir be-wuzt.

230. Ich stund an einem morgen

Wenn mei_ne sünd mich kränken, o mein herr Je_su

Christ: so laz mich wol be_den_ken, wie du ge_

stor_ben bist, und al_le mei_ne schul_den_last

am stam des hei'_gen kreu_zes auf dich ge_no_men hast.

231. Ich will ein neues singen

Den va_ter wolln wir lo_ben, der uns er_lö_set

hat, im hi_mel hoch dort o_ _ _ ben durch sei_nes So_nes.

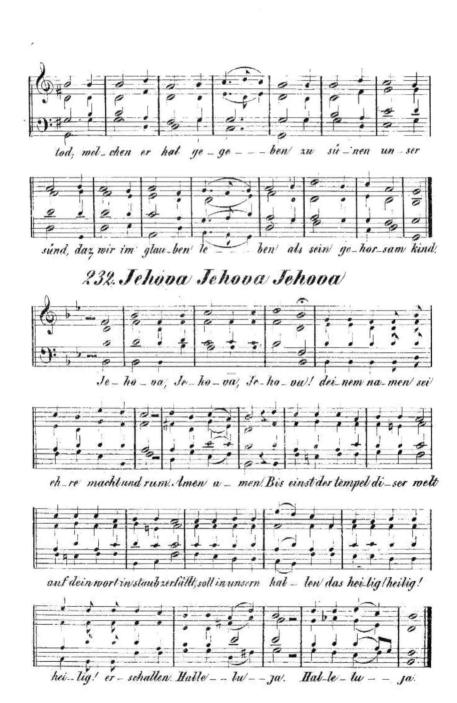

233. Jesu du mein liebstes leben

Je — su du mein lieb — stes le — — ben, mei — ner
Der du dich für mich ge — ge — ben an des

see — len braü — ti — — gam, Je — — su, mei — ne freud und
bit — tern kreu — zes stamm.

mon ne, mei — ne hoffnung, schatz und teil, mein er —

lö — — sung, schmuck und heil; hirt und kö — nig, licht und

son — ne: ach wie soll ich wür — dig — lich, mein Herr

Je — — su, prei — sen dich.

234. Jesu meines herzen freud

Je - su, mei-nes her-zen freud, sü-zer Je-su!

meiner see-len se-lig-keit, süzer Je-su! des ge-mütes

si - cherheit, süzer Je-su, Je-su, sü-zer Je-su!

235. Jesus Christus unser herr

Je-sus Christus, un-ser herr und heiland, der für

uns den bittern tod ü-berwand, der ist heut vom tod

auf-er-stunden, ein ge-wal-ti-ger Gott.

236 Jesus unser trost und leben

Jesus unser trost und le ben, der dem to-de war er-

geben, der hat herlich und mit macht syn und leben wider bracht

Er ist aus des to des banden als ein sü-ges fürst er- standen.

Hal le--lu--ja, halle--lu---ja.

237 In dir ist freude

In dir ist freude in al-lem leide: o du
Durch dich wir haben him-li-sche ga-ben; du der

sü--zer Je-su Christ. Hilfest von schanden,
wa--re heiland bist. Zu deiner güte,

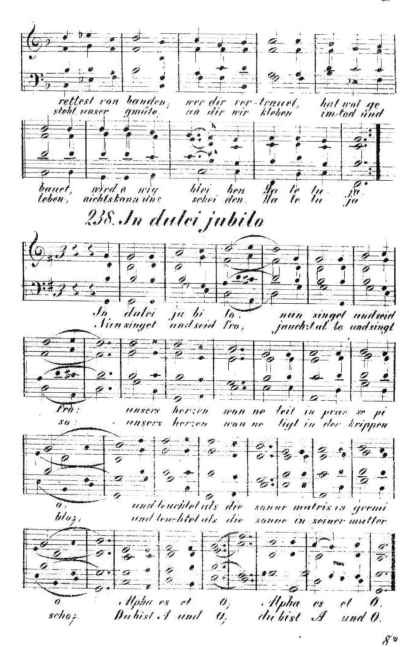

238. In dulci jubilo

239. In meim elend war diz mein

In meim e — lend war diz mein trost: ich sprach: Er lebt der
Um — ge — ben, daz ich aus der erd vom tod wi — der er —

mich er — löst, auf den ich in der not ver — traut, wird
wecket werd. In mei — nem fleisch werd ich Gott sehn: ist

mich wi — der mit' mei — ner haut
gwislich war und wird geschehn.

240. In meiner not ruf ich zu dir

In meiner not ruf ich zu dir, Herr Gott, du
Mein kreuz ist dir recht wol be — kannt, mein thun steht

kannst wol hel — fen mir, Mein e — lend si — — hest du, Herr
all in dei — ner hand.

Gott, dir klag al — lein ich mei — — ne not.

165

241. Ihm der das licht entstehen

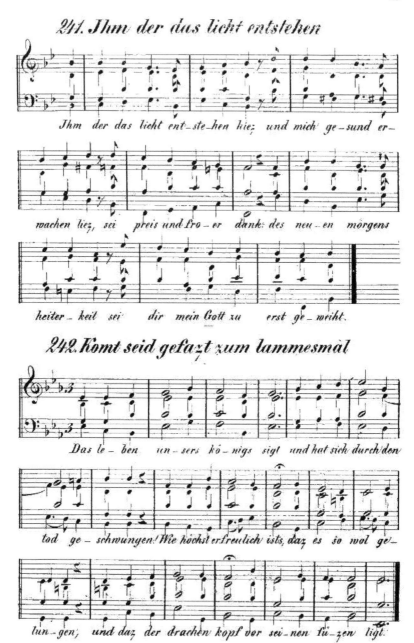

Ihm der das licht ent _ ste _ hen liez und mich ge _ sund er _

machen liez, sei preis und fro _ er dank: des neu _ en morgens

heiter _ keit sei dir mein Gott zu erst ge _ weiht.

242. Komt seid gefazt zum lammesmal

Das le _ ben un _ sers kö _ nigs sigt und hat sich durch den

tod ge _ schwungen! Wie höchst erfreulich ists, daz es so wol ge _

tun _ gen, und daz der drachen kopf vor sei _ nen fü _ zen ligt.

243. Ihr eltern laßt mich fort

Ihr eltern, laßt mich fort, mich heizet Jesus ko-men:
Verwehrt mir nicht den ort, da ich werd aufge-nomen.

Ich gehe aus von leiden, und kom zu himels freuden.

244. Kein stündlein geht dahin

Kein stündlein geht dahin, es ligt mir in dem sinn,

ich bin auch immer, wo ich bin, daz mich der tod wird

setzen in die letzte not. Ach Gott! wenn alles mich ver

läzt, so tu-e du bei mir das best.

245. Lucis creator optime

Lu - cis cre - a - tor o - pti - me, lucem di -
Es ist jezt um die ves- per - zeit: der Herre

e - rum pro te - rens, primor di - is lu - cis no -
sei ge - be - ne - deit, der uns an seel und leib be-

rue mun-di pa - rans o - ri - gi - nem.
wart, sich hält nach eines va - ters art.

246. Lazet die kindlein komen

Lazet die kindlein komen zu mir, spricht Gottes Son,
Sie sind mein, freud und wonne, ich bin ihr schild und kron.

Auch für die kinde - lein, daz sie nicht wärn ver lo -

ren, bin ich ein kind ge-bo - ren: drum sie mein ei - gen sein.

247. Laßt uns alle frölich sein

Laßt uns al—le frö—lich sein; prei—sen Gott den Herren,

der sein lie—bes sö—ne—lein uns selbst tut ver—eh—ren.

248. Lobet den Herren denn er

Lo—bet den Her—ren, lo—bet den Her—ren! denn er

ist sehr freundlich. Es ist sehr köst—lich un—sern Gott zu lo—

ben, un—sern Gott zu lo—ben; sein lob ist schö—ne, lieblich

an—zu—hö—ren. Lo—bet den Herren, lo—bet den Her—ren.

249. Lobet den Herrn ihr heiden all

Lobet den Herrn ihr hei den all, lobt Gott von
Preist ihn ihr völ- - - ker all-zu-mal, dankt ihm zu

her'- - - zens grun de, daz er euch auch er- wä het
al- - - - ter stun de,

hat und mit ge-tei-let sei-ne gnad in Christo

sei- - - nem So- - ne.

250. Lobt den Herrn die morgensonne

Lobt den Herrn die morgen- son ne weckt die welt aus ihrer ruh,

und der ganzen schöpfung won- - ne strömt verjüngt uns nider zu

251. Löwen laßt euch wider finden

Löwen, laßt euch wi-der fin-den, wie im er- sten Christentum,

die nichts konnte ü- ber-win den: schaut an ihr martertum.

Wie in lieb sie glühen, wie sie feu-er sprühen,

daß sich vor der sterbenslust selbst der Sa-tan fürchten mußt.

252. Macht hoch die tür

Macht hoch die tür, die tor macht weit! es komt der Herr der

her - lich-keit; ein kö- nig al- ler kö- nig-reich, ein

hei land al ter welt zu gleich, der heit und le ben

mit sich bringt, der hat ben jauchzt, mit Freu den singt:

Ge lo bet sei mein Gott, mein schöpfer reich von rat

253. Maria hat das beste teil erwälet

Mari a hat das be ste teil er wä let, weil sie den

Herren Je sum liebt, und ih ren geist in licht und war heit

übt, o selig, wer sich so mit ihm ver mäh let, daz wenn er

seine schönheit kennt er voll ver lan gen auch nach Je su brennt.

254. Mein augen schliez ich jezt

Mein augen schliez ich jezt in Gottes namen zu,

dieweil der mü-de leib be-geh-ret seine ruh;

weiz aber nicht, ob ich den morgen mag er-le-ben,

es könnte mich der tod villeicht noch heut um-ge-ben.

255. Mein Gott und Herr ach sei

Mein Gott und Herr: ach sei nicht fern, hilf mir in mein e-len-de,
Dein vater-herz in meinem schmerz von mir ja nicht ent-wen-de.

Sih an mein jamer, angst und not: erbarm dich mein, o treu-er Gott.

256. Mein heiland nimt die sünder an

Mein heiland nimt die sün der an,
Kein mensch, kein en-gel trösten kann,

die un-ter
die nirgends

ih-rer last de sün-den
ruh und rettung fin-den.

Den selbst die wei-te welt zu

klein, die sich und Gott ein gräuel sein,

den Mo-ses

schon den stab ge-brochen und sie der hölle zu-ge-sprochen,

wird di-se freistatt aufge-tan: Mein heiland nimt die

sünder an, mein hei-land nimt die sünder an!

257. Mein herz ruht und ist stille

Mein herz ruht und ist stil-le in meinem Gott und
Herrn; er tu was ist sein wil-le, dem folg ich herzlich
gern; ob schon auf di-ser er-den hier manch
un-ge-mach zu set---zet mir.

258. Mein Jesu dem die Serafinen

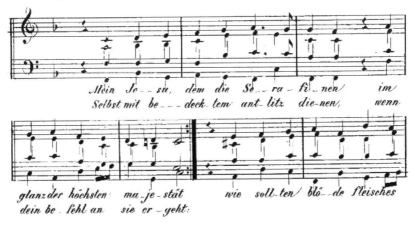

Mein Je---su, dem die Se-ra-fi-nen im
Selbst mit be---deck-tem ant-litz die-nen, wenn

glanz der höchsten ma-je-stät wie soll-ten blö-de fleisches
dein be-fehl an sie er-geht:

175

augen, die der ver-haz-ten sünden nach: mit ih-rem

schatten trüb ge-macht, dein hel les licht zu schauen laugen?

259. Mein licht und heil ist Gott

Mein licht und heil ist Gott der Herr: sollt ich ihm
Meins lebens kraft, mein rum und ehr: für wem sollt

nicht ver-trau — en ? Ob drum die feind gleich wütend seind,
mir doch grau — en ?

und wolln mich gar ver schlingen: gehn doch zu-rück ihr

frev el-tück, es muz ihn' nicht ge-lin — gen.

260. Mein liebe seel was betrübst du dich

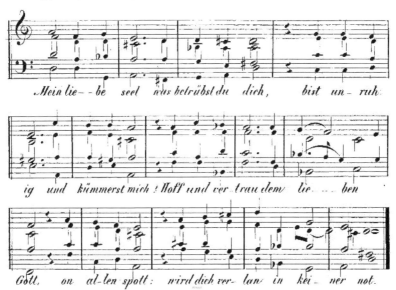

Mein lie--be seel was betrübst du dich, bist un-ruh-

ig und kümmerst mich? Hoff und ver-trau dem lie----ben

Gott, on al-len spott: wird dich ver-lan in kei-ner not.

261. Mein Salomo dein

Mein Salo-mo, dein freundliches re-gie-ren stillt

al-les weh, das meinen geist be-schwert. Wenn sich zu dir mein

blö-des her-ze kehrt, so lazt sich bald dein fri densgeist ver-

spü - ren. Dein gna - den blick zer - schmelzel mei - nen sinn,

und nimt die furcht und unruh von mir hin.

262. Mein Vater zeuge mich

Mein Va - ter, zeu - ge mich, dein kind, nach dei - nem bil - -

de, und schaf - fe selbst in mir die neu - e cre - a -

tur, laz mich doch gü - tig sein, ja hei - lig, weis und

mil - de durch deiner gnadenkraft, wie du bist von natur.

263. Mein seel o Gott

Mein seel, o Gott, muß loben dich; du bist mein

heil, des freu ich mich, daß du nicht fragst nach weltlich

pracht, und hast mich ar - men nicht ver - acht.

264. Meine seele wilt du ruhn

Mei - ne see - le, wilt du ruhn, und dir immer güt - lich tun;

wünschest du dir von beschwerden und be - girden frei zu werden:

lie - be Je - sum und sonst nichts, mei - ne see - le, so geschiehts.

265. Meine hoffnung stehet veste

Mei - ne hoff - nung ste - het veste   auf den le - ben - di - gen Gott:
Er ist   mir der   al - ter beste,   der mir bei - steht in der not.

Er al - lein   soll es   sein, den ich nur von her - zen mein.

266. Meinen Jesum laz ich nicht

Mei - nen Je - sum laz ich nicht: weil er sich für mich ge - ge - ben,
So   er - for - dert mei - ne   pflicht, kletten - weis an ihm zu kle - ben.

Er ist   mei - nes le - bens licht: mei - nen Je - sum laz ich nicht.

267. Nicht so traurig

Nicht so traurig, nicht so sehr,   mei - ne   see - le, sei be - trübt,
Daz dir Gott glück, gut und ehr   nicht so viel wie an - dern gibt.

Nim vor - lieb mit dei - nem Gott: hast du Gott, so   hats nicht not.

10.

180

268. Nun danket all und bringet ehr

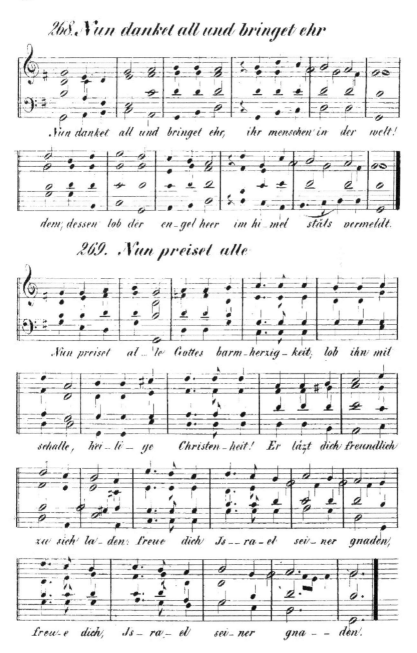

Nun danket all und bringet ehr, ihr menschen in der welt!

dem, dessen lob der en-gel heer im hi-mel stäts vermeldt.

269. Nun preiset alle

Nun preiset al - le Gottes barm-herzig-keit; lob ihn mit

schalle, hei-li-ge Christen-heit! Er läzt dich freundlich

zu sich la-den: freue dich Is--ra-el sei-ner gnaden,

freu-e dich, Is-ra-el sei-ner gna--den!

270. Nun nim mein herz

Nun, nim mein herz und al-les, was ich bin, von mir zu

dir, mein lieb-ster Je-su, hin! Jch will nur dein mit leib und see-le

sein; mein reden, tun und tich-ten nach deinem willen rich - ten.

271. Nun seht und merket lieben leut

Nun seht und merket, lie-ben leut, Christus ist für der tür!
Was er uns hat ge-pro-fe-zeit, das kömt nun alls her-für.

Denn di-se welt voll bö-ser tück wil un-ge-straft mehr

sein, geht strucks die breite ban und brück,welch fürt zur höl-len -pein.

182

272. Nur frisch hinein

Nur frisch hin __ ein es wird so tief nicht sein, das ro __ te meer wird

dir schon platz ver __ gönnen. Was wimmerst du? sollt' der nicht helfen können,

der auf den blitz schenkt klaren sonnen __ schein? Nur frisch hinein.

273. O Christe morgensterne

O Chris __ ste, mor __ gen __ ster __ ne, leucht uns mit

hel __ lem schein; schein uns vons hi __ mels tro __ ne an

di __ sem dunklen ort mit dei __ nem rei __ nen wort.

274. O du hüter Israel

O   du hü_ter Js_ra el, willst du   dich nicht la_ßen finden

und verbin den mit der seel, die suchet   dich in_niglich! Warum tritst du

mir so fer_ne, da ich dich doch hätt so gerne! Herr, du bists, dich meine ich.

275. O ewigkeit o ewigkeit

O   e_wig_keit, o   e__wig_ keit! wie lang bist du, o
Doch eilt zur dir der menschen   zeit, gleich wie das kü_ne

e_wig__ keit.   nachhaus der bot, das schiff zum port,
pferd zum   streit,

der schnelle pfeil zum vi_le   fort. Be_tracht o mensch die e_mig keit.

276. O. Gott die Christenheit

O Gott, die Christen – heit dir dankt mit in – nig-
keit, daz du uns in ge-far, wenn Sa-tan und die ganze welt
zeucht wider uns ins frei-e feld; zu-schickst der en-gel schar.

277. O. grozer Gott des wesen

O gro-zer Gott, des we-sen al-les fül-let,
und den kein ort in sei-ne grenzen hül-let! der un-um-
schränkt sich ni-der-senkt mit sei-ner kraft in al-le dinge,

dem nichts zu groz, nichts zu ge – – rin – ge.

278. O Herre Gott begnade mich.

O Her re Gott be – gnade mich, nach dei ner güt er – bar – me dich,
End wasch mich wol, o Her re Gott, von al ler meiner mis – se – tat,

tilg ab mein ü – ber – tre –tung nach dein gro – zer er – barmung.
und mach mich rein von sün – den, denn ich tu der em – pfin – den,

und mei – ne sünd ist stäts vor mir! Ich hab al – lein ge –

sünd an dir, vor dir hab ich ü – bels ge – tan; in dei – nen

mor – ten wirst be – stan, so man dich rechts er – – su – – – chet.

279. O.Herre Gott :/: in meiner

O Her—re Gott, o Her—re Gott, in meiner not ruf

ich zu dir, du hil—fest mir. Mein leib und seel ich

dir be—fehl in deine händ:dein en — — — gel send, der

mich be—war, wenn ich hin—far aus di—ser welt,wanns dir ge—

fällt; aus di—ser welt wanns dir ge—fällt,wanns dir ge — — fällt.

280. O heilger Geist du ewger

O heilger Geist, du en — — ger Gott, du höchster

281. O Jesu du bist mein

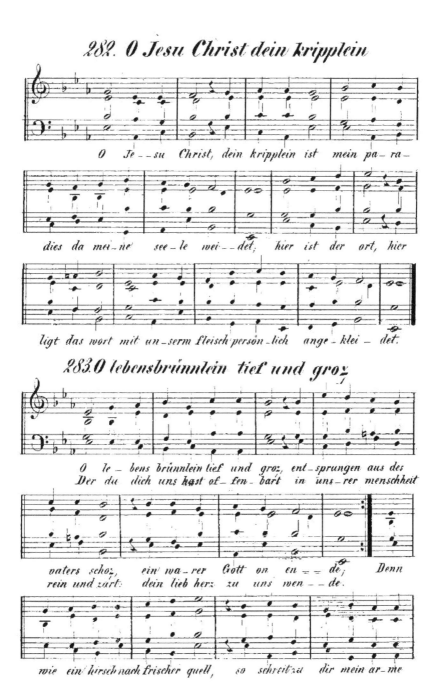

282. O Jesu Christ dein kripplein

O Je—su Christ, dein kripplein ist mein pa—ra—

dies da mei—ne see—le wei——det; hier ist der ort, hier

ligt das wort mit un—serm fleisch persön—lich ange—klei—det.

283. O lebensbrünnlein tief und groz

O le—bens brünnlein tief und groz, ent—sprungen aus des
Der du dich uns hast of—fen—bart in uns—rer menschheit

vaters schoz, ein wa—rer Gott on en——de; Denn
rein und zart: dein lieb herz zu uns wen——de.

wie ein hirsch nach frischer quell, so schreit zu dir mein ar—me

seel aus di _ ser welt e _ _ len _ _ _ de.

284. O lux beata trinitas

a. Urweise.

O lux be _ a _ ta tri _ _ ni _ tas et prin _
Der du bist drei in ei _ _ nig _ keit, ein wa _

ei _ pa _ lis u _ _ ni _ tas, jam sol re _ _ ce _ dit igne _
rer Gott von e _ _ wig keit: die sonn mit dem tag von uns

us: in _ _ lun _ de lu _ men cor _ _ di _ _ bus.
weicht, laz leuch _ ten uns dein gött _ _ lich liecht.

b. Spätere umbildung.

Der du bist drei in ei _ nig _ keit, ein warer Gott in e _ wig _

keit: die sonn mit dem tag von uns weicht laz leuchten uns dein göttlich liecht.

285. O liebe die den himel.

O lie _ be die den hi _ mel hat zer _ ri _ zen, die sich zu
Was für ein trieb hat dich be _ we _ gen müzen, der dich zu

mir ins e _ lend ni _ der liez: Die lie _ be hat es selbst ge _
mir ins jamer _ tal ver _ wiezt!

tan, sie schaut als mutter mich in mei _ nem ja _ mer an.

286. O welt sih hier dein leben.

O welt sih hier dein le _ _ ben am stam des kreuzes schwe _ ben,

dein heil sinkt in den tod. Der gro _ ze fürst der eh _ _ ren läzt

willig sich be _ schwe _ ren mit schlägen, hon und grozem spott.

287. O wie selig seid ihr doch

O wie se-lig seid ihr doch, ihr fromen, die ihr durch den

tod zu Gott ge komen: ihr seid ent-gan-gen al-ler

not, die uns noch hält ge-fan-gen.

288. Preis lob ehr rum dank

Ein kind ist uns ge-bo-ren heut, der lieb-ste son ist
In dem Gott gnad um gnad dar beut für al-les, was die

uns ge-schen-ket,
see-le krän-ket.
Merk auf, mein herz! und schau das

kindlein an; denk welch ein nun seer Gott durch ihn ge-tan.

289. Preis dem todesüberwinder

Preis dem to_des ü_ber_winder, sih, er starb auf Gol_ga_ta!

Preis dem hei_li__ger der sünder, preis ihm und hal_le_lu_ja!

Was er uns ver_hiez, geschah: singt des neu_en bundes kin_der!

Aus dem grab eilt er her_vor, sin_get ihm im höhern chor.

290. Sag was hilft alle welt

Sag, was hilft al_le welt mit ih_rem gut und

gelt? Al_les ver_geht ge_schwind, gleichwie der rauch im wind.

291. Psalm 5.64.

O al_ter_höchster menschenhü _ ter, du un be greif_lich

höchstes gut: ich will dir o _ pfern herz und mut.

Stimmt an mit mir, ge_denkt der gü _ ter, all ihr ge-mü-ter.

292. Psalm 8.

Die sonn hat sich mit ih_rem glanz ge_wendet; und was sie

soll auf di_sen tag vol_len_det; die dunkle nacht bringt allent_

hal_ben zu, bringt menschen, vih und al_le welt zur ruh.

293. Psalm 25.

Ich will ganz und gar nicht zweifeln, in der guten zu-ver-sicht
Zu dir Je — su, trotz den teufeln! was mein Gott will, das geschicht.

Wenn die hi — mel schon vergehn; di — ses wort bleibt e — wig ne — ste

soll die erd auch nicht be-stehn: mein er-lö-ser bleibt der be — ste!

294. Psalm 27.

So bürst du doch recht se — lig, Herr, die dei —
Wie könn — test du es bö — se mit uns mei —

nen, ja se — lig und doch mei — stens wun — der — lich:
nen, da dei — ne treu nicht kann ver — läug — nen sich:

Die we — ge sind oft krum und doch ge — rad, da — rauf du läzt die

kin _ der zu die gehn; da pflegt es wunder _ selt _ sam aus zu

sehn: doch tri _ um _ pliert zu _ lezt dein hoh _ er rat.

295. Psalm 33.

O licht, ge _ bo _ _ ren aus dem lich _ _ te, o

Du schickst uns wi _ _ der _ zu ge _ sich te die

son _ ne der ge _ rech _ tig _ keit: Drum will uns ge _ hö _ ren;

un _ ge _ nä _ me mor _ gen _ zeit.

dankbarlich zu eh _ ren sol _ che dei _ ne gunst: gib auch un _ sern

sin _ nen, daz sie se _ hen kön _ nen dei _ ner lie _ be brunst

296. Psalm 38.

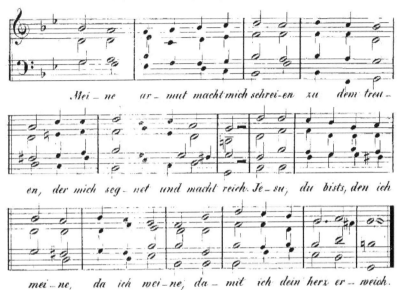

Mei — ne ar — mut macht mich schrei-en zu dem treu—

en, der mich seg — net und macht reich. Je — su, du bists, den ich

mei — ne, da ich wei — ne, da — mit ich dein herz er — weich.

297. Psalm 61.

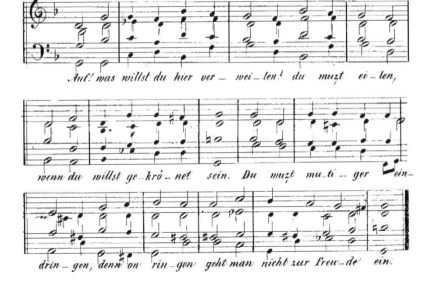

Auf! was willst du hier ver — wei — len? du mußt ei — len,

wenn du willst ge — krö — net sein. Du mußt mu — ti — ger ein—

drin — gen, denn von rin — gen geht man nicht zur freu — de ein.

298. Psalm 74. 116.

So ist von mei-ner kur-zen pilgrim- schaft ein ganzes

jar schon wi-der ab-ge-flozen. Herr, willt du rech-nen was ich

drin ge-no-zen: so bin ich dir für tausend pfund verhaft.

299. Psalm 77. 86.

Fol-get mir ruft uns das le-ben, ge-het nur den rechten steg:
Was ihr bittet will ich ge-ben,

fol-get ich bin selbst der weg. Fol-get mir von ganzem herzen,
ich be-nem euch alle schmerzen

ler-net von mir ins-ge-mein sanft und reich an de-mut sein.

300. Psalm 84.

Mein le_ben ist ein pilgrimstand, ich rei_se nach dem

va_ter land, nach dem Je_ru_sa_lem, das dro_ben Gott selbst als

ei_ne ve_ste stadt auf bun_des blut ge_grün_det hat;

da werd ich Ja_cobs hir_ten lo_ben: Mein le_ben ist ein

pil_grimstand: ich rei_se nach dem va_ter land.

301. Psalm 103.

Auf, auf, mein geist! er_he_be dich zum hi_mel, weich von dem

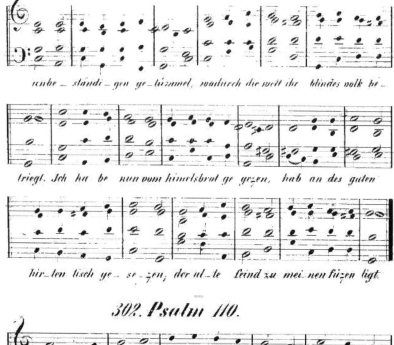

unbe _ stándi _ gen ge _ hirzmmet, madurch die weit ihr blindes volk be _

triegt. Jch ha be nun vom himetsbrot ge gezen, hab an des guten

hir_ten tisch ge _ se _ zen; der al_te feind zu mei_nen füzen ligt.

302. Psalm 110.

Gott sei ge _ lobt! der weg ist nun ge _ ba _ net, der aufwärts

fürt, durch dich Herr Jesu Christ: des herzens wunsch wie man dein wort ver_

ma _ net, soll dro_ben sein, all _ wo sein schatz nun ist.

303. Psalm 117. 127.

Den Her-ren lobt, ihr hei-den all, preist ihn ihr völ-ker

all - - zu - mal! Denn sei-ne gü-te, die groz ist, schwebt

ü-ber uns zu al-ler frist, sein warheit mit be-ständig-

keit walt ü-ber uns in e - - - wig-keit.

304. Psalm 125.

Kein Christ soll sich die rech-nung machen, daz lau-ter

son-nen-schein hie um ihn wer-de sein, und

er nur scherzen müz und lachen. Wir ha _ ben kei _ nen

ro _ sen _ gar _ _ ten hier zu ge _ war _ _ ten.

305. Psalm 130.

Er _ hör, o Herr, mein bit _ ten; nim doch die trähnen hin, die

ich heraus muz schütten, weil ich geäng _ stigt bin. Von

dei _ ner war _ heit we _ _ gen er _ hör jezt mein ge _ schrei und

dei _ ner rech _ te se _ _ gen spring in der not mir bei.

306. Psalm 136.

Hi_mel, er de, luft und meer , zeugen, von der schöp-

fers ehr: meine see_le singe du, bring auch

jetzt dein lob her_ _ zu.

307. Psalm 140.

O Je_ su, könig hoch zu eh _ _ ren, du höchst ver,

. klärter Got_tes Son: vernim in gnaden mein begeh_

ren, ich werf mich hin vor dei _ _ _ nen tron.

308. Puer natus in Betlehem

Pu — er na — tus in Bet — le — — hem, in Bet —
Ein kind ge — born zu Bet — le — — hem zu Bet —

le — hem; un — de gau — det Je — — ru — sa —
le — hem; des freu — et sich Je — ru — sa —

lem, Hal — le — hal — le — — lu — — ja.
lem, Hal — le — hal — le — — lu — — ja.

309. Quem pastores laudavere

Quem pas to — res laud — da — ne — re qui bus an — ge —
Den die hirten lob — ten seh re und die engel

li di — xe re: ab — sit vo — bis jam — ti — — me — re
noch vit meh re, fürcht euch fur — baz nimmer meh — re

na — tus est rex glo — ri — ae rex glo — ri — — ae.
euch ist ge — born ein könig der ehrn ein könig der ehrn.

310. Nunc angelorum gloria

Nunc an - ge - - lo - - rum glo - ri - a ho - mi - ni -
Heut sind die lie - - ben en - ge lein in hel - tem
Den hir - ten, die ihr schä - fe lein bei mon - den

bus re - splen - du - it in mun - - dô. Nô vi par - tus
schein er - schie - nen bei der nach - ten Gra - ze freud und
schein im wei - ten feld be - wach - ten.

gau - di - a vir - go ma - ter pro - du - xit, et
gu te mär wolln wir euch of - - fen ba - - ren, die

sol ve - rus in te - - ne - bris it - lu - - xit.
euch und al - - ler welt solln wi - der - fa - - ren:

Christus na - tus ho - di - e ex vir - gi - - ne,
Gottes Son ist mensch ge - born, ist mensch ge - born,

sine vi - ri - li se - mi - ne est na - tus rex.
hat ver - sönt des Va - ters zorn, des Va - ters zorn.

311. Resonet in laudibus

Re - so - net in lau - di - bus cum ju - cundis plau - si -
Rüm, du wer te Christen - heit, Gottes lieb und freundlich -

bus Si - on' cum fi - de - li - bus. Ap - pa - ru - it quem
keit; groz ist die barm - her - zig - keit! Er - schie - nen ist den

- ge - nu - it Ma - ri - a, sunt im - ple - ta quae prae -
uns ge - born Ma - ri - a; ganz er - füllt ist was ge -

di - xit Ga - bri - el. Ey - a, ey - a! Vir - go
weizagt Ga - bri - el. Ey - a, ey - a! Ei - ne'

de - um ge - nu - it, quem di - vi - na vo - lu - it cle -
jungfrau hat ge - born' den der Va - ter auser - korn; barm

men - ti - a. Ho - di - e ap - pa - ru - it, ap - pa - ru -
her - zig - lich. Heu - te er er - schie - nen ist er - schienen

312. Rex Christe factor omnium

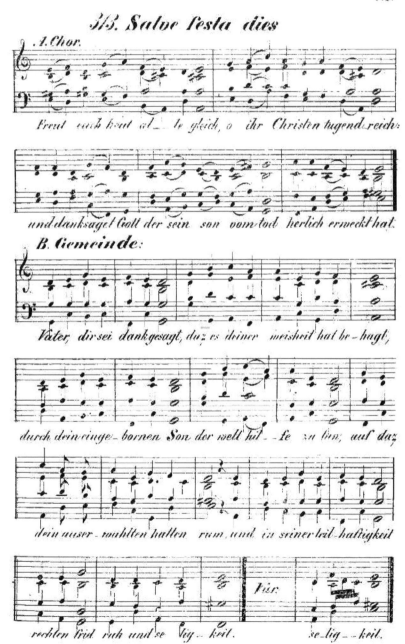

313. Salve festa dies

A. Chor.

Freut euch heut al— le gleich, o ihr Christen tugend reich,

und danksaget Gott der sein son vom tod herlich erweckt hat.

B. Gemeinde:

Vater, dir sei dankgesagt, daz es deiner weisheit hat be- hagt,

durch dein einge- bornen Son der welt hil— fe zu sein, auf daz

dein auser- wahlten halten rum, und in seiner seligkeit

rechten frid ruh und se lig— keit.

Für.

se- lig— keit.

314. Sanct Paulus die Corinthier

Gleichwie ein waizen – kör – ne – lein ge – sät wird in die

erd hinein, stirbt und ver – modert ganz und gar, und

grünt doch wi – der set – bigs jar.

315. Seele ruh in jeder nacht

See – le, ruh in je – der nachtstill in Got tes schoz; was dir so vil

kum – mer macht, ist dein denken bloz. Er sorgt ja noch! Weizt ja, alles

was er tut, scheint es bös, es ist dir gut: o trau ihm doch!

316. Sei gegrüßet Jesu gütig

Ich du al–ler höchste frau–de, mei–ne lust und le–bens mü–

de, meines to–ten le–bens see–le in trau–ri–gen herzens hö–le;

o du schatz den ich be–geh–re; kom vergnü–ge; kom, ge–wä–re.

317. Sih hie bin ich ehrenkönig

Sih hie bin ich, eh–ren kö–nig! le–ge mich vor dei–nen tron;

schwache trähnen, kindlich sehnen bring ich dir, du menschensohn;

laz dich finden, laz dich finden von mir, der ich asch und tohn.

318. Sie ist mir lieb die werte

Sie ist mir lieb die wer - te magd und kan
Lob ehr und zucht von ihr nun sagt, sie hat

ihr nicht ver - ge - - - zen. Ich bin ihr hold
mein herz be - se - zen.

und wen ich soll groz unglück han, da ligt nicht an, sie

will mich des er - get - zen mit ih rer lieb und treu an

mir, die sie zu mir will set - zen und tun all mein be gir.

319. So gehst du nun mein Jesu

So gehst du nun, mein Je - su, hin den tod für mich zu leiden!
Für mich, der ich ein sünder bin, der dich be - trübt mit freuden!

Wo–lan far fort, du edler hort: mein augen sollen fließen,

ein trähnen – see mit ach und weh, dein lei–den zu be–gießen.

320. So war ich leb spricht Gott

So war ich leb spricht Gott der Herr, des sünders tod ich nicht be

gehr, sondern daß er be–kehre sich, tu buß und leb auch e–wig–lich.

321. So wünsch ich nun ein gute nacht

So wünsch ich nun ein gu–te nacht der welt und laß sie fa–ren.
Ob sie mir gleich vil jamers macht, Gott wird mich wol bewaren.

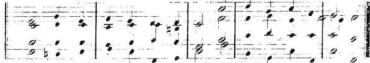

Ich meint, die welt war ü–bel gelt: be–find es nun vil anders.

322. Surrexit Christus hodie

323. Trau auf Gott in allen

324. Triumpf triumpf es kömt

213

aus der schlacht; wer seines reiches un – ter – tan, schau heute

sein tri – umpf – fest an. Tri – umpf, tri – umpf! tri – umpf, tri

umpf vic – to – ri – a! und e – wi – ges hal – le – lu – ja.

325. Unerschaffne lebenssonne

Ho – si – an na Da – vids so – ne! der soll hoch ge – lo – bet sein

der ins Her – ren nam herein ko – met von des Höchsten tro – ne.

Durch die welt er – schall und geh: Ho – si – an – na in der höh!

326. Unumschränkte liebe

Hal - le - - lu - - ja   brin - ge   wer den Herren   kennet
Hal - le - lu - - ja   sin - ge   wel - cher Christum   nennet

wer den Herren   Je - sum lie - - bet,   O   wol dir! glaube mir:
sich von herzen   ihm er - gi - bet!

endlich wirst du   dro - - ben   oh - ne sünd ihn lo - - ben.

327. Uns ist ein kindlein heut geborn

Uns ist ein kindlein heut ge-born von ei-ner jungfrau aus er -

körn: ein wa-rer mensch und warer Gott, daz er uns helf aus al - - ler

not. Sein nam ist wunderbar und rat, durch ihn wir haben fun - den gnad.

328. Unter lilyen jener freuden

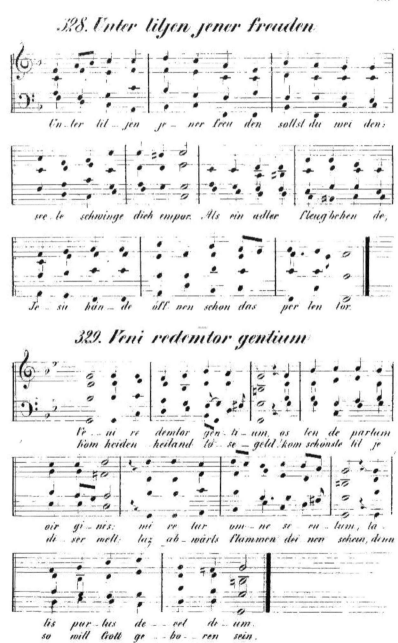

Un-ter lil—jen je—ner freu den sollst du wei den:

sve-le schwinge dich empor. Als ein adler fleug'hehen de,

Je—su hän—de öff—nen schon das per len tor.

329. Veni redemtor gentium

Ve—ni re demtor gen-ti—um, os ten de parlum
kom heiden heiland tö—se—geld.'kom schönste til je

oir gi—nis: mi re tur um—ne se—eu—lum, la—
di—ser melt: laz ab—wärts flammen dei nen schein, denn

lis pur—tus de—ret de—um.
so will Gott ge—bo—ren sein.

330. Veni S. Spiritus et emitte

Ve—ni sancte Spi—ri—tus, et e——mit—te cve—li—tus
Heilger Geist, du tröster mein: hoch vom hi—mel uns er—schein

lu——cis tu——ae ra—di—um. Ve——ni pa—ter pau—pe—rum,
mit dem licht der gnaden dein. Va——ter, kom, der armen herd,

ve—ni da—tor mu—ne—rum, ve—ni lu——men cor—di——um.
kom mit dei—nen gaben wert, uns erleucht auf di——ser erd.

331. Vergebens ist all müh u. kost

Ver—gebens ist all müh und kost, wo nicht das haus Gott selber baut:
Al——so ist auch der mensch trostlos, wo er sein eignen kräften traut.

Denn wo die stadt Gott mit seim rat nicht selbst erhält und schü——zet man

wach und hüt, on Gottes güt für war daz solchs nicht nüt————zet.

217

332. Verzage nicht du häuflein

Ver - za - ge nicht, du häuflein klein; obschon die feinde willens

sein, dich gänz --- lich zu verstö - ren, und suchen deinen unter-

gang, da-von wird dir recht angst und bang, es wird nicht lange wä - ren.

333. Von edler art

Von ed - ler art ge-bo - ren ward ein kindlein klein zu Bette-

hem von ei - ner magd, wie's Gott be - hagt: sein nam ist groz, will machen

los uns arme all, die Adams fall verdorben hatt zu ewger qual.

334. Wach auf wach auf du sichre

Wach auf, wach auf, du sich--re wett, der lez--te
Denn was im hi--mel ist be--stellt, wird durch die

tag wird warlich ko--men; Ja was der heiland selbst ge-
zeit nicht hin ge--no--men.

schwooren, soll endlich all zu mal geschehn obgleich die welt muz

un--ter--gehn, so wird sein wort doch nicht ver--lo--ren.

335. Warum betrübst du dich

Wa--rum be--trübst du dich, mein herz? be--kümmerst

dich und trä--gest schmerz nur um das zeitlich gut? Ver-

trau du deinem Herrn und Gott, der al--le ding er--schaffen hat.

336. Welt ade ich bin dein müde

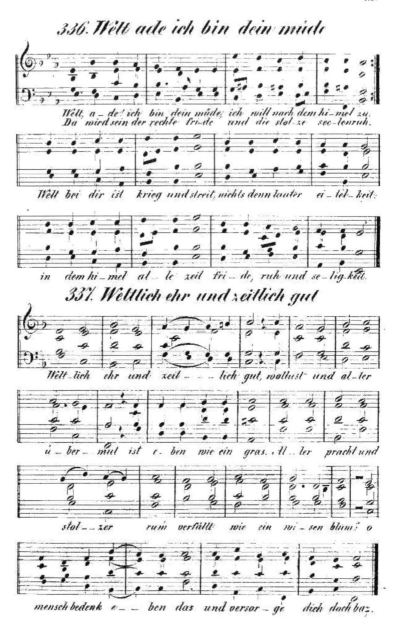

Welt, a – de ich bin dein müde; ich will nach dem hi-mel zu.
Da wird sein der rechte fri-de und die stol-ze see-lenruh.

Welt bei dir ist krieg und streit, nichts denn lauter ei-tel-keit:

in dem hi-mel al-le zeit fri-de, ruh und se-lig-keit.

337. Weltlich ehr und zeitlich gut

Welt-lich ehr und zeit- – – lich gut, wollust und al-ter

ü – ber – mut ist e-ben wie ein gras. Al-ter pracht und

stol- – zer rum verfällt wie ein ro-sen blum: o

mensch bedenk e- – – ben das und versor-ge dich doch baz.

338. Wenn dich unglück tut greifen an

Wenn dich unglück tut greifen an, und un fall

will sein willen hän: so ruf zu Gott im

glauben vest, in kei — ner not er dich ver läzt.

339. Wenn ich in angst und nöten

O güti — ger Herr Je — su Christ, der du der rechte mitt ler

bist und rufst Gott deinen Väter an für die, so dich gekreuzigt

han: in dein ge bet schliez mich auch ein, so werd ich von mein sünden rein.

340. Wenn ich in todesnöten bin

Wenn ich in to - des no - ten bin, und weiz kein ral zu
So nem ich meine zufluchl hin zu Chrisli lod und

lin — den: Da rin — nen find ich hilf und ral wi...der Gotts
wunden.

zorn und mis - se lal, auch wi — der lod und höl - le.

341. Wer Jesum bei sich hat

Wer Je - sum bei sich hal, kann vest ste - hen, wird auf dem

unglücksmeer nicht unter - ge - hen, wer Je - sum bei sich hal,

was kan dem schaden! sein herz ist ü - ber - all mil trost be la din.

342. Werde licht du stadt

Wer_de licht du stadt der heiden, und du Salem, werde licht!
Schaue welch ein glanz mit freuden über dei_nem haupt anbricht.

Gott hat derer nicht vergezen, die im finstern sind gese _ zen.

343. Wie lieblich sind die wonung

Wie lieb_lich sind die wonung dein, o Her_re Ze_ba_

ot! ach wie sehnt sich die sie_le mein nach dir, o treuer Gott! Nach

dein vorhö_fen sie verlangt, an dir mein leib und see_le hangt:

o le_ben_di_ger starker Gott! ich freu mich dein in al_ler not.

344. Wie wol ist mir o freund

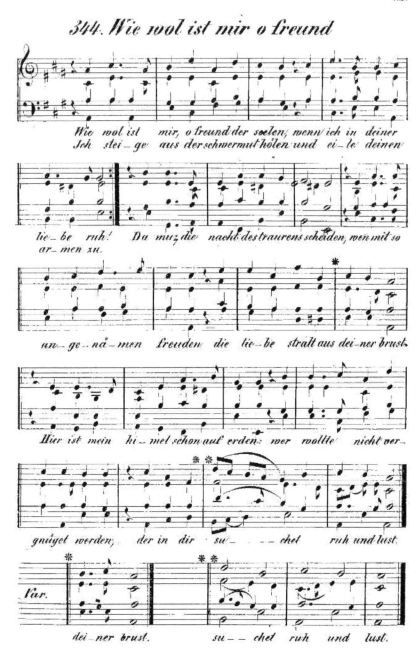

Wie wol ist mir, o freund der seelen, wenn ich in deiner
Ich stei — ge aus der schwermut hölen und ei — le deinen

lie — be ruh! Da muz die nacht des traurens scheiden, wen mit so
ar — men zu.

an — ge — nä — men freuden die lie — be straft aus dei — ner brust.

Hier ist mein hi — mel schon auf erden: wer wollte nicht ver—

gnüget werden, der in dir su — — chet ruh und lust.

Var.

dei — ner brust. su — — chet ruh und lust.

345. Wir Christenleut

Wir Christen-leut, wir Christen — leut han jetzund freud,

weil uns zu trost ist Christus mensch ge-bo—ren. Hat uns erlöst:

wer sich des tröst und glaubets vest, soll nicht werden verlo—ren.

346. Wolauf ihr frome Christen

Ermuntert euch ihr fro — men, zeigt eu-rer lampen schein:
Der abend ist ge-ko — men, die finst re nacht bricht ein.

Es hat sich auf — ge — machet der bräuti — gam mit

pracht: auf! be-tet, kämpft und ma — chet, bald ist es mitternacht.

347. Zeuch meinen geist

Hier legt mein sinn sich vor dir ni_der, mein

geist sucht sei nen ursprung wi_der laz dein er_freu_end

an_ge__sicht zu mei_ner ar__mut sein ge_richt.

348. Zion klagt mit angst

Zion klagt mit angst und schmerzen Zion, Got_tes werte stadt,
Die er tregt in seinem her_zen, die er ihm er_wä_let hat.

Ach, spricht sie, wie hat mein Gott mich ver_laz en in der not,

und laz mich so har_te pressen; meiner hat er ganz verge_zen.

349. Zulezt gehts wol dem der gerecht

zu-lezt gehts wol, dem der ge-recht auf er-den durch Christi

blut, und Gottes er-be war. Es komt zu-lezt das an-ge-

nä-me jar, der tag des heils, an dem wir frö-lich wer-den.

350. Passio Jesu Christi

Je-su kreuz, leiden und pein, deins heilands und Her---ren,
Betracht, christliche ge-mein, ihm zu lob und eh--ren.

Merk was er ge-lit-ten hat, bis er ist ge-stor---ben;

dich von dei-ner mis-se-tat er-löst, gnad er-wor---ben;

227

Jesaja dem profeten

Je - sa - ja dem pro-fe-ten das ge-schah, daz er im

geist den Herren sit - zen sah auf einem ho- hen tron in

het-tem glanz; sei-nes kleids saum den chor er- fül let ganz.

Es stunden zween se-raf bei ihm da- ran, sechs flügel

sah er ei - nen je- den han: mit zween verburgen sie ihr

antlitz klar mit zween be--deck-ten sie die fu- ze gar,

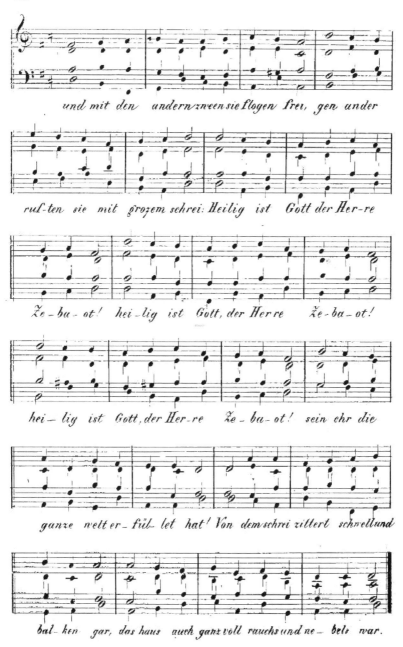

und mit den andern zween sie flogen frei, gen ander

ruf-ten sie mit grozem schrei: Heilig ist Gott der Her-re

Ze - ba - ot! hei - lig ist Gott, der Her re že - ba - ot!

hei - lig ist Gott, der Her-re Ze - ba - ot! sein ehr die

ganze welt er - fül- let hat! Von dem schrei zittert schnell und

bal- ken gar, das haus auch ganz voll rauchs und ne - bels war.

KERN,

DES DEUTSCHEN

KIRCHENGESANGS

ZUM GEBRAUCH

EVANGELISCH-LUTHERISCHER

GEMEINDEN UND FAMILIEN

HERAUSGEGEBEN

VON

DR. FRIDRICH LAYRIZ.

DRITTE ABTEILUNG

CCLXIII WEISEN ENTHALTEND.

NOERDLINGEN
DRUCK UND VERLAG DER C. H. BECK'SCHEN BUCHHANDLUNG.
1 8 5 3.

Vorwort.

Die jüngst verflozzenen beiden jare haben mehrere nach inhalt und ausstattung ausgezeichnete liedersamlungen zu tage gefördert, unter welchen namentlich dem „Unverfälschten liedersegen" verdientermazen bereits die weiteste verbreitung geworden ist. Der wunsch, auch dise neu eröffneten liederkleinode dem deutschen volke singbar zu machen, wurde mir anlaz, den reichen melodienschatz unserer Kirche einer nochmaligen durchsicht zu unterziehen und die gewonnene ausbeute in vorligender dritten abteilung meiner choralsamlung dem drucke zu übergeben. Sie beschränkt sich jedoch nur auf die singweisen der eigentlichen kirchenlieder; die mehr liturgischen gesänge werden gesondert als eine etwa neun bogen starke vierte abteilung in wenigen wochen die presse verlazen. Nur nr. 44. 181. 198, c. 200. 259. 323. 542. 544, a. 576. 600. 602. 616. 654. jenes Unverfälschten liedersegens konnten dabei keine berücksichtigung finden, weil entweder ihre singweisen mir bisher entgiengen, oder ich mir doch für sie keinen gebrauch von seiten der gemeinde zu versprechen vermochte. Für mehrere andere lieder, deren weisen mir gleichfalls unzugänglich blieben, habe ich, um nicht die lücke ganz unausgefüllt zu lazen, mich wider in selbstverfertigten oder anbequämten weisen versucht, die der quellennachweis aufzeigt: mitteilung ihrer originalmelodien, wenn sie von wert sind, würde mich zu innigem danke verbinden.

Gott geleite auch dises büchlein mit seinem segen: IHM allein sei die ehre !

Schwaningen bei Wazzertrüdingen in Mittelfranken
im juli 1853.

Dr. Fridr. Layriz.

Quellennachweis.

Die fortlaufenden nummern beziehen sich auf die entsprechenden choralnummern. — Durchschoʒʒene namen bezeichnen die wirklichen oder mutmaʒlichen verfaʒʒer der melodien, undurchschoʒʒene die urheber oder verleger von choralsammlungen.

351. Weltlich. —Erasm.Alberus 1536. Böhm. Br. 1566.
352. Vulpius 1604. Goth. Cant. III. 1657.
353. Burkh. Waldis 1553.
354. G. Neumark 1657. J. Franck 1674.
355. Vom herausgeber.
356. Nic. Hasse 1659. Nbg. Gb. 1677.
357. Weltlich um 1550. Triller 1559. M. Praet. 1609.
358. Vom herausgeber.
359. Weltlich. — Tabernacula pastorum, Münch. 1650.
360. W. C. Briegel 1687. Dretzel 1731.
361. Urmelodie von Herm. Schein 1627. Vom herausgeber.
362. Vom herausgeber.
363. Bremensches Gb. 1640. Erhardi 1659.
364. J. Magdeburg 1572. Nic. Selneccer 1587.
365. J. Crüger 1666. Nbg. Gb. 1677.
366. J. Crüger 1649.
367. Joach. a Burgk 1575.
368. Köphl 1537. M. Praet. 1609.
369. Sigm. Neukomm 1841. (Ursp. im geraden tact.)
370. Straʒb. Gb. 1525.
371. J. Eccard 1598. (Mit einer änderung im schluʒ der 4. zeile.)
372. M. Weiss 1531. v. Tucher nr. 36.
373. Dretzel 1731.
374. Heinr. Pape 1648.
375. ? — A. W. Bach 1830.
376. Geistl. Volksl. Paderborn 1850.
377. XI. jarh. — Pfalznb. KO. 1557.
378. Böhm. Br. 1566.
379. Seth Calvisius 1597.
380. Dretzel 1731.
381. Böhm. Br. 1566.
382. Um 1606. — Dretzel 1731.
383. Burkh. Waldis 1553.
384. Freyl. 1704. nr. 32. 1741. nr. 68.
385. Andr. Sommer, Straubing 1590. — Schles. Volksl. 1842.

386. X. jarh. — Lossius psalm. 1553.
387. Böhm. Br. 1544. Straʒb. Gb. 1616. Prax. Piet. 1676.
388. Böhm. Br. 1566. pag. 205.
389. Moritz von Hessen 1612.
390. Barth. Helder† 1635. Goth. Cant. 1651.
391. Vulpius 1609.
392. M. Weiss 1531.
393. J. S. Bach 1736.
394. Um 1620. J. S. Bach. nr. 75.
395. P. Sohr Prax. Piet. 1676.
396. Freylingh. 1713.
397. M. Weiss 1531.
398. Weltlich. — Arthophobius 1537. J. Steuerlein 1588.
399. J. Eccard 1604.
400. Böhm. Br. 1566.
401. J. Eccard 1585.
402. Burkh. Waldis 1553.
403. Vom herausgeber.
404. Weltlich. — Babst 1553.
405. Böhm. Br. 1566.
406. M. Weiss 1531.
407. Prax. Piet. 1676.
408. J. G. Ebeling 1666.
409. M. Weiss 1531.
410. Vulpius 1609.
411. VI. jarh. — M. Weiss 1531.
412. S. Th. Stade 1644.
413. Urmelodie nr. 357. — Vom herausgeber.
414. J. Chn. Nehring 1704.
415. Nbg. Gb. 1677.
416. Vopelius 1682.
417. Vom herausgeber.
418. J. Walter 1524.
419. Darmst. Gb. 1698. Freyl. 1704.
420. Urmel. Weltlich. — Wolders Gb. 1598. Vom herausgeber.
421. Cath. Gb. Köln 1608.
422. Nic. Herman 1560. Zinckeisen 1584.
423. Babst 1545. Zinckeisen 1584.
424. Wolff 1569. Zinckeisen 1584.
425. M. Weiss 1531.

Versmase.

Bei bezeichnung der versmaʒe bedeutet die erste ziffer die anzal der zeilen einer strofe; die darauf folgenden buchstaben deuten den rhythmus an: — j, jambisch, — t, trochäisch, — d, dactylisch, — jtd, jambisch-trochäisch-dactylisch; die hieran sich reihenden ziffern bedeuten die sylben der einzelnen verszeilen. Wenn zwischen solchen ziffern ein senkrechter strich steht, so bezeichnet er, daʒ die vorangehende zalenreihe sich widerholt; also 76 | s. v. a. 76 76.

· II

351. Ach Gott tu dich erbarmen

Er — wach o mensch, er — wache,   steh auf vom   sünden schlaf:
Es   komt des höchsten rache,   und seine   schwere straf

mit schrecken und mit unge — — stüm und   sucht die sünder

heim mit grimm, die auf der — erden wo — nen, der Herr wird

zornig to   nen und   nur der fromen   scho — — — nen.

352. Ach Gott Vater mit gnaden wend

Ach Gott Vater mit gnaden wend unser kreuz und grozes elend, da —

mit wir sind um — geben gar und stehn all augen — blick in gfar.

333. Ach Gott wie lieblich und wie

Ach Gott wie lieblich und wie fein stehts in der heilgen
Drum auch mein seel dahin verlangt, da man stäts deinem

Christen gmein, da man dein wort tut lehren! Dazu groz lust und
namen dankt, mit freuden dich tut ehren.

liebe hat mein leib und seel on maz; und zil im Herrn, dem leben di gen Gott.

354. Ach Herr warum tritst du so ferne

Er quicke mich, du heil der sün - der, durch dich und
Und laz, o freund der menschenkin - der, dein herz auf

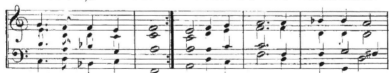

dei - nen gna - den schein, kom und er - zeige dein erbar -
mich ge - rich - tet, sein.

men dem heil und hilfs be - dürftigen ar - men.

355. Ach Jesu dein sterben

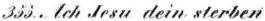

Neue weise

Ach   Jesu, dein sterben, dein grozer spott und hon

machet mich zum erben der   schönen himels kron.

Vers 2.

etc.

Ach laz mich deine   liebe'   A ... men.

356. Ach Jesu dessen treu

Ach Jesu,   dessen treu im himel und auf
Durch keines menschen mund kann gnug gepriesen

er— den' ich danke dir, daz du, ein warer mensch ge-
werden:

born, hast von mir abge wandt, daz ich nicht bin ver— lorn.

1*

357. Ach mein Gott sprich mir

Ach mein Gott sprich mir freundlich zu und tröst mich
fürs Satans wüten schaff mir ruh, vor sünd und

in ___ mein herzen denn mich anficht das
to ___ des schmerzen.

ernst ge___richt, da___rum ich bitt: Mein Gott, mein

Gott! durch Christ ver___laz mich nicht.

358. Ach sei gewarnt o seel

Neue weise

Ach sei gewarnt, o seel, vor schaden, da:, dir die falsche freiheit nicht,

die deinen sinn auf hochmut richt, zur sicherheit mog sein ge-ra-

vers 3

ten: wenn etwa Gottes licht in dir vil hitz zur andacht, lieb und

freude bei seines Geistes süzer wei__de er wecht zu starker

lob_begir. Du darfst nicht über schaden klagen:

in leid und freud wird lieb dich tragen.

359. Ach was sind wir one Jesus

Ach was sind wir one Jesus! dürftig, jämer_lich und arm
Ach was sind mir! voller elend: ach Herr Jesu, dich erbarm.

Laz dich unsre not be_wegen, die wir dir vor augen le_gen.

360. Ach wie sehnlich wart ich der zeit.

Ach wie sehnlich wart ich der zeit, wan du, Herr, ko men wirst,
Und mich aus di sem herze_ leid zu dir in hi mel fürst!

Ach wie sehnlich wart ich auf dich: b kum und ho le mich.

361. All meine Sünden reuen mich

All meine sünden reuen mich von herzen und bringen

mir nicht wenig angst und schmerzen, weil sie so groz und

viel bei mir auf wachen. Ach Gott! erhör mein klagen,

laz mich in sünden nimmermehr verza – gen.

362. Alle Christen singen gerne

Alle Christen singen gerne mit der grözten zuversicht:

Meinen Jesum laz ich nicht! denn sie freuen sich von ferne

auf das reich der her-lichkeit, das er ihnen hat bereit:

Aber wen sie hören sagen, daz man Christi kreuz muz tragen

wen man will sein jünger sein: o so ist die zal der fromen,

die sodañ zu Jesu komen, nur ein kleines häufelein.

363. Allein auf Gott setz dein vertraun

Allein auf Gott setz dein vertraun: auf menschenhilf solt du nicht

baun. Gott ist allein, der glauben hält; der menschen glaube bald hinfällt.

364. Allein nach dir Herr

Allein nach dir Herr :/: Jesu Christ ver-
Allein an dich Herr :/: Je-su Christe

langet mich, Herr Je-su Christ ver-langet mich, weil ich hie
glaube ich, Herr Je-su Christe, glaube ich, hoffend ge-

leb :/: in diser welt auf erden: den du er-
wis :/: der himel sall mir werden,

worben :/: mit deinem blute am kreuzge,

storben mir zu gute :/:

O du lamm Gottes :/: erhör mein herzlich

fle — hen, mein augen gen himel sehen :/:

:/: Tröst mich mit deinem Geist, o Herre Gott; hilf mir in
Denn in dem tod und auch im le — ben hab ich je

meiner not; waň ich von hinnen fa — re mein seel wollst du be-
dir er geben, o Herre Jesu Christe mein seel in deine

waren, nims in deine hän — — de!
hände;

365 Als Gottes lamm und leue

Ach Jesu, dessen schmerzen mir all mein heil erwor-
Kom, ruh in meinem herzen, das in der sünd er-

ben: Laz dirs gefallen; ich will dir dein grab bereiten;
storben.

in mir hier, so leb und sterb ich se — — lig.

366. Als Jesus Christus in

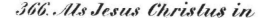

Als Jesus Christus in der nacht, darin er ward ver_raten,

auf unser heil ganz war bedacht, dasselb uns zu er _ statten.

367. Amen Gott Vatr und

A _ men Gott Vatr und So _ _ _ ne sei lob ins

himels tro _ _ _ ne! Sein Geist stärk uns im glau_

ben, im glau_ ben, im glau_ben, und mach uns selig,

a _ men, und mach uns selig. A _ _ _ _ men.

368. Auf disen tag so denken wir

Auf disen tag so denken wir daz; Christ zum himel
Und danken Gott recht aus be- gir mit bitt, er woll be-

gfa- ren, uns arme sünder hie auf erd, die
wa- ren

wir von wegen manchergfärd on hoffnung han kein tro- ste.

Halle - - - lu- ja, halle- lu - ja.

369. Auf seele sei gerüst

Auf! seele, sei gerüst: dein heiland Jesus Christ

brennt vor ver- - - lan- gen; sein herze sehnet sich

noch vor dem leiden dich recht zu um- - fangen.

2*

370. Aus Jacobs stamm

Urspr. Diz sind die heilgen

Aus Jacobs stam ein stern sehr klar geht heut auf und wird

of_fen_bar: der stern bist du, Herr Jesu Christ, der du heut

mensch ge_bo_ren bist. Lazt uns freuen in dem Herrn!

371. Aus lieb läzt Gott

Aus lieb läzt Gott der Christenheit vil gutes wider_

faren, aus lieb hat er ihr zubereit vil tausend engel_

scharen. Dar um man frölich singen mag: heut ist der lieben

engel tag, die uns gar wol be_wa_ren.

372. Betrachtn wir heut

Be-trachtn wir heut zu di-ser frist die auf-er-

stehung Jesu Christ, die uns zu trost ge-schehen ist.

373. Beschränkt ihr weisen

Beschränkt, ihr weisen di--ser welt, die freundschaft
Und läugnet, daz sich Gott gesellt mit denen,

immer auf die gleichen; Ist Gott schon alles und ich
die ihn nicht er-- reichen:

nichts, ich schatten, er die quell des lichts, er noch so stark, ich noch so

blö--de; er noch so rein, ich noch so schnöde; er noch so

groz, ich noch so klein: Mein freund ist mein, und ich bin sein:

374. Bleiches antlitz sei gegrüzet

Bleiches antlitz sei ge-grü-zet! ach es flie-zet/

heizes blut die wangen ab, welche schmerzen Gottes so--

ne seine kro--ne ganz voll scharfer dörner gab.

375. Brich an du schönes tageslicht

Mein Jesus spricht: Der weg ist schmal,der uns in
Und de--ren we-nig an der zal, die man auf

jenes leben fü--ret; Laz mich,mein Gott, bei denen
solchem pfade spü--ret!

stehn, die mit der kleinen herde gehn!

376. Christ spricht o seel

Christ spricht: O seel, o tochter mein! heb auf dein kreuz, schick

dich dar—ein; es kann und mag nicht anders sein! Das

kreuz, das ich ge... tra gen hab, muſt du nun werfen auch nicht ab.

377. Christ überwinder

Vita sanctorum

Christ, über — winder! für uns arme sünder,

die wir ver—loren; bist du mensch ge boren; in den tod

gangen; an dem kreuz ge hangen; die höll ge fangen.

378. Christ unser heil dich wir

Räum aus dem weg alle teufels listen, dämpf sein anschlág,

der sich tut rüsten; daz er den glauben reiz aus unsern herzen,

dein's worts be_rau_be, bring in groze schmerzen.

379. Christe du bist der helle tag

Christ_e, du bist der helle tag, vor dir die nacht nicht

blei ____ ben mag: du leuchtest uns vom Vater her und

bist des lichtes pre ___ di ___ ger.

380. Christe wares seelenlicht

Christe, wares seelenlicht, deiner Christen sonne!
O du klares angesicht, der betrübten wonne!

Deiner güte lieblichkeit ist neu alle morgen,

in dir bin ich recht erfreut, darf nicht für der sorgen.

381. Christo dem Herrn sei

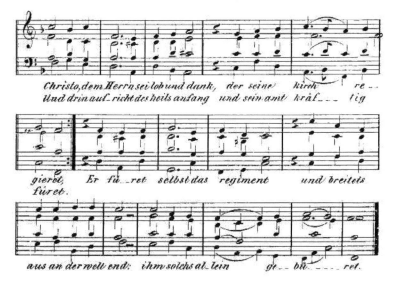

Christo, dem Herrn sei lob und dank, der seine kirch re...
Und drin aufricht des heils anfang und sein amt kräf... tig

gieret, Er fü...ret selbst das regiment und breitets
füret.

aus an der welt end: ihm solchs allein ge bü...ret.

382. Christus ist erstanden von

Christus ist er—standen von des todes banden:

er hat eine schlacht getan und den sig ge—bracht da—von.

383. Da Christus an dem kreuze

Da Christus an dem kreuze hieng in schmach zu unsern
Für unser schuld die straf empfieng, rief er zu Gott dem

ehren,
Herren: Mein Gott, mein Gott, wie hast du mich   so gänz—

lich ü—ber—ge—ben! Ich ruf und schrei, kein hilf nicht sch;

es geht mir an das le———ben! ruf tag und nacht: doch

wird meins schreiens nicht gedacht.

384. Da Christus ... samlet

Da Christus ge... boren war, samlet sich der engel schar,

lobten Gott mit schalle, sungen frölich alle.

385. Da Jesus in den garten

Da Jesus in den garten gieng und er sein

bitt... res leiden an __ fieng, da trau __ ret alles

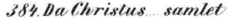

das da was, es trauret al__les laub und gras.

386. Dank sagen wir alle

Grates nunc omnes

Dank sagen wir alle Gott, unserm herrn Christo, der uns mit

seinem wort hat er leuchtet, und uns er löst hat

mit seinem blut von des teufels ge... walt. Den sollen wir

alle mit seinen engeln lo__ben mit schalle;

singen: Preis sei Gott in der hö____he.

387. Danket dem Herren denn

Auch dreistimmig mit weglaſung des tenor

Danket dem Herren, denn er ist sehr freundlich,

und seine gut und warheit bleibet ewig lich.

388. Dankt Gott dem Herren

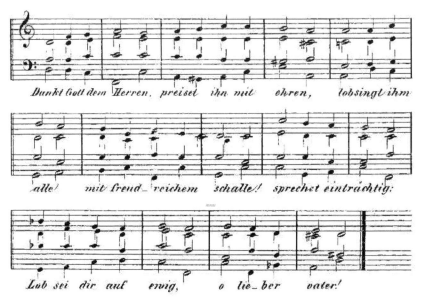

Dankt Gott dem Herren, preiset ihn mit ehren, lobsingt ihm

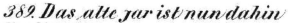

alle mit freud reichem schalle! sprechet einträchtig:

Lob sei dir auf ewig, o lie-ber vater!

389. Das alte jar ist nun dahin

Urspr. Vom himel hoch

Das alte jar ist nun dahin-er-neure, Jesu, herz und

sinn, zu fliehen aller laster schar in disem lieben neuen jar.

390. Das Jesulein soll

Das Je su lein soll doch mein trost, mein heiland sein und
Der mich ge lie bet und er lost, kein gwalt soll mich ab.

blei bens,
trei ben Jhm tu ich mich ganz williglich

von herzen grund er ge ben: es mag mir sein weh

oder sein, mag sterben oder le ben.

391. Das neugeborne kindelein

Nach: Parvulus nobis

Das neuge bor ne kin de lein, das herzens

lie be Je su lein bringt aber mal ein

neu es jar der aus er wäl ten Christen schar.

392. Das sind die heiligen

Das sind die heilgen zehn gebot, wie sie uns Gott er-

kläret hat durch Mosen und sein lieben Son: schau

mensch daz du darnach wirst tun!

393. Das walt Gott Vater

Das walt Gott Vater und Gott Son, Gott heilger Geist ins

himels tron! Man dankt dir, eh die sonn auf geht, wenns

licht anbricht, man vor dir steht.

394. Das walt mein Gott, Vater

Das walt mein Gott, Va __ ter und Son und heil.ger Geist! der

mich erschaffen hat, mir leib und seel ge __ ge __ ben, in

mutterleib das le __ ben, ge __ sund on allen schad.

395. Das walte Gott der uns

Das walte Gott, der uns aus lauter gnaden er __ halten

hat für leibs __ und seelen __ __ schaden: wir loben dich, weil

deine güt und treu' ist mit der morgen __ sonne wi.der neu.

396. Den die engel droben

Den die en _ gel dro _ ben mit ge _ san _ ge lo _ ben,

der ist nun er _ schie _ nen, uns in lieb zu die _ nen

397. Den vater dort oben

Den vater dort oben wollen wir nun loben,

der uns als ein milder flott gnädig _ lich ge _ _ speist hat, und

Christum seinen son, durch welchen der segen komt

vom aller höch _ sten tron.

4.

398. Der gnaden brunn

Der gnadenbrun tut fliezen,   den soll man trinken:
O sünder du sollst büzen,   dir tut Gott winken

mit sein gü_ti_gen   augen und richt dir deinen fuz wol

durch das wort des glaubens, Christus allein dir helfen muz.

399. Der groze tag des Herren

Der groze   tag des Herren,   der tag zur   rach bestellt
Kan nun nicht mehr sein ferren;   nah ist das   end der welt:

Drum mensch bei zeit dein herz be_ reit, steh auf vom schlaf der

sünden, da_mit dich nicht Gott im gericht un_tüchtig möge finden.

400. Der gütig Gott

Der gütig Gott sah an des menschen schwachheit, sein

groze not und ewigs herzleid, die ihn hatt um-fangen;

drin er wär on trost jämerlich ver __ gangen.

401. Der heilig Geist vom

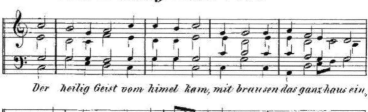

Der heilig Geist vom himel kam, mit brausen das ganz haus ein,

nam, da-rin die jünger sa __ zen: Gott wollt sie nicht ver-

la __ zen. O welch ein se-lig fest ist der pfingsttag gewest! Gott

4.

...le noch jetz und in unser herz und mund den heil_gen

Geist, das sei ja, das sei ja, das sei ja! so sin__gen

mir halle_lu_ja, ha_le_lu_ja!

402. Der Herr ist könig

Der Herr, ist könig unver_rückt, und wirds wol ewig bleiben;
Sein reich gar herlich ist geschmückt, sein gnad läst er aus_schreiben.

Von end zu end sein wort ausbreit, und soll bestehn in ewig_

keit wider die höllen__pfor___ten hie und an allen or__ten.

269

403. Der küle maien

Der kü-le maien, der mein aug und ge-müt er--

quickt durch Gottes güt, soll mich er-freu-en. Die

nachti-gall läzt ihren schall durch berg und tal er-klingen; was

lebt und schwebt, die stim erhebt, will Gottes lob be-sin-gen.

404. Der maie der maie

Der maie, der maie bringt uns der blümlein

vil: ich trag ein frei ge-mü-te; Gott weiz wol, wem ichs

will, Gott weiz wol, wem ichs will.

405. Der milde treue Gott

Der mil _ _ de treue Gott hat den menschen aus
Und wie seim bild ge _ _ bürt schön geschmückt und ge-

gnad zu seinem bild ge _ _ schaffen, er aber kam zu fall
ziert mit seines lichtes waffen:

auf disem jamertal und fiel in Gottes stra _ fen.

406. Der tag bricht...o Herre

Der tag bricht an und zeiget sich: o Herre

Gott, wir loben dich; wir danken dir, du höchste

gut, daz du uns die nacht hast be _ _ hüt.

407. Der tag bricht o meine

Der tag bricht an und zeiget sich: o meine

seele geh in dich; wie du geschlafen di-se nacht!

ob du auch oft an Gott gedacht, weñ du er-wacht?

408. Der tag mit seinem lichte

Der tag mit seinem lichte fleucht hin und wird zu nichte: Die

nacht kömt ange-gangen mit ruhe zu um-fangen den matten er den

kreiz. Der tag der ist ge-endet: mein herz zu dir sich wendet, der tag und

nacht geschaffen zum wachen und zum schlafen, will singen deinen preis.

409. Der tag vertreibt die

Der tag vertreibt die finstre nacht: o brüder,

seid mun_ter und wacht, dienet Gott dem Her__ren

410. Des heilgen Geistes reiche

Des heilgen Geistes reiche gnad die herzen der a_

po_stel hat erfüllt mit seiner gütig__keit,

geschenkt der sprachen unter_scheid: darum mit freuden

lo___bet Gott, der uns sein Geist ge_geben hat.

411. Des königs banner

Vexilla regis

Der du, Herr Je_su, ruh und rast in deinem grab ge_

halten hast: gib, daz wir in dir ruhen all, und

unser leben dir ge_fall.

412. Die helle sonn ist nun

Die helle sonn ist nun da_hin, das licht ver_

loschen ist: doch glänzt dem her_zen ein rw_

bin, der heizet Je_sus Christ.

413. Die nacht ist hin der

Nach: Ach mein Gott sprich

Die nacht ist hin, der tag bricht an, das licht will uns er-
So laze nunmehr jeder man das trauren und das

schei_nen: Komt Christus nicht? er ist das licht, das uns an-
wei_nen.

bricht, und will uns al_le_samt be_schei___nen.

414. Die tugend wird durchs

Die tu_gend wird durchs kreuz ge_übet, denn one
Wenn sie nicht oftmals wird be_trü_bet, so merkt man

das kann sie nicht sein: Sie muz im kreuz die stärke zeigen, die
gar nicht ihren schein.

sie ver__bor_gen in sich hat, daz sie den könne

unter__beu_gen, der ihr nachstel_let frü und spat.

415. Diz ist der tag der

Diz ist der tag der frölich__keit, den Gott hat
An welchem sei_ne gütig_keit solle wer_den

selbst be_ rei___tet, Drum singen heut mit lust die
aus_ge__brei___tet.

leut: Herr, dir sei preis in ewig___keit.

416. Du grozer schmerzenmann

Du grozer schmerzenmann vom Vater so ge_schla_

gen, Herr Je_su, dir sei dank für al_le dei_ne pla__

gen: für deine seelen__angst, für dei_ne band und not.

für dei_ne geise___lung, für deinen bittern tod.

417. Ein vöglein klein

Ein vöglein klein on sor_gen, frö_lich abend und mor_gen, fleugt hin und her mit singen in den wal_den, und läzt Gott walten, der es kann er___halten.

418. Ein neues lied wir heben an

Ein neues lied wir he_ben an, das walt Gott unser
Zu singen was Gott hat ge_tan zu seinen lob und

Her___re, Zu Brüssel in dem Nider_land wol durchzwen
eh___ren.

jun___ge knaben hat er sein wunder gmacht bekant, die

er mit sei___nen gaben so reichlich hat ge_zie_ret.

419. Entfernet euch ihr matten

Ent fer'net euch ihr matten kräfte von al_lem was noch
Wirf hin die zeit li_chen ge_ schäfte, mein gnug geplagter

irdisch heizt, Nun gu_te nacht, es ist vollbracht! Ich fang ein
müder geist!

ander we_sen an, das sich mit nichts ver_ mengen kann.

420. Es ist genug mein matter

Nach: Ich hab mein sach

Es ist genug, mein matter sinn sehnt sich da _ hin, wo

meine vä ter schlafen, ich hab es end_lich gu_ten fug, es

ist ge__nug! ich muz mir rast ver__ schaffen.

421. Es komt ein schiff gefaren

Es komt ein schiff ge — la — den bis an sein höchsten

bord, es trägt Gotts Son voll gna — — — den, des Va ters ewigs wort.

422. Es war des ewigen Vaters

Es war des ewi gen Vaters rat, als er sein son ge sendet

hat, daz er uns armen leuten helfen sollt durch seine marter

groz und aller sün den machen los. Ehr sei dem lie ben

Gott, daz er uns half von dem ewigen tod.

423. Es wird schier der lezte

Es wird schier der lez-te tag her - - ko - - - - - men,

denn die bos - heit hat sehr zu - ge - no - - - men:

was Christus hat vor ge-sagt, das wird jezt be - - klagt.

424. Ewiger Gott vater

E - wi - ger Gott, va - ter und herr! mich drü - cket sehr

mein sünd und schuld da durch dein huld ich hab verlorn, doch hat dein

zorn gstillt Je - sus Christ, der mein trost und heil ist.

425. Freuen wir uns all

Freuen wir uns all in ein, geben lob und preis al,

lein Gott dem Vater und dem Son zugleich der dritten per_ son.

426. Frölich wollen wir

Frölich wollen wir halle_ lu _ ja singen, aus hit _ _
Al_les was lebt auf er_ den soll Gott lo _ ben, reich_lich
Gott sagt gnade zu alln die ihm ver _ trau_en trost, hilf
Gott sei lob gesagt und seim ein_gen So _ ne heilgm Geist

zi_ger gir unsers herzen springen: sein gnad vertil_get hat all un_ser
ist sein gnad über uns er_ ho_ben: gnad, leben stark und kraft han wir er_
schickt er zu den so auf ihn bauen: vest, stät treulich er hält on_ list und
Gott von art, mächtig in eim tro_ne: von anbe_ginn er war, bleibt auch bis

sun _ _ _ den in ihm haben wir rei_ che schät_ze fun _ den.
er _ _ _ bet, höll, tod, teufels macht ist durch ihn ver_ der _ bet.
trie _ _ _ gen, wie sein wort vermeldt, den Er kann nicht lü _ gen.
ans en _ de, all welt siht ihn klar: Herr, von uns nicht wen _ de.

427. Geborn ist Gottes sönelein.

Nun ist es zeit zu sin_gen hell: Ge_bo_ren

ist Jm_ma_nu_el! von Mari___a, der rei_nen

magd, wie E__sa_jas vor hat ge_sagt.

428. Gedenke mein mein liebster

Ge_denke mein, mein liebster Gott, im be_sten. Ich hoff auf

dich: wes soll ich sonst mich trösten? Das soll mein trost im

tod und le_ben sein, wen du nur sprichst: Mein kind, ich denke dein!

6.

429. Geh aus mein herz

Geh aus, mein herz, und su_che freud in di_ser

lie_ben somer__zeit an deines Gottes ga___ben;

schau an der schönen gärten zir, und si_he, wie sie

mir und dir sich ausge____schmü____cket ha__ben.

430. Gelobt sei Gott der unsre

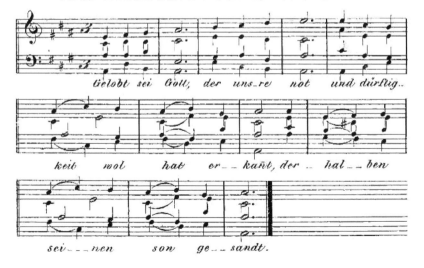

Gelobt sei Gott, der uns_re not und dürftig..

keit mol hat er__kañt, der __ hal__ben

sei___nen son ge__sandt.

431. Gib dich zufriden

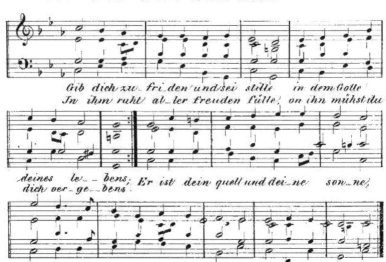

Gib dich zu fri den und sei stille in dem Gotte
In ihm ruht aller freuden fülle, on ihn mühst du

deines le bens; Er ist dein quell und dei ne son ne,
dich ver ge bens:

scheint täglich hell zu dei ner wonne; gib dich zu fri den.

432. Gott hat das evangelium

Gott hat das evan ge li um ge ge ben, daz wir

wer den from, die welt acht sol chen schatz nicht hoch, der mehrer

teil fragt nichts darnach: das ist ein zeichen vor dem jüngsten tag.

6*

433. Gott ist mein heil

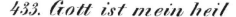

Gott ist mein heil, mein hilf und trost, mein
Der mich durch sein blut hat er_lost: auf

hoffnung, mein ver__trau__en, Den ich hab all mein
ihn will ich vest bau___en!

zu__ver__sicht zum lie_ben Gott ge__richt! den er_ver__

läzt die sei_nen nicht.

434. Gott ist mein licht

Gott ist mein licht, der Herr mein heil, das ich er_wä_let
Er ist die kraft, dahin ich eil und mei ne see le

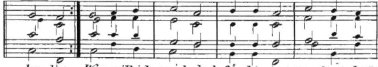

ha_be Was will ich mich doch fürchten nun, und wer kan
la__be.

mir doch schaden tun auf di_ser ganzen er_ den?

435. Heilger Geist du tröster

Heilger Geist du tröster mein: hoch vom himel
uns er _ schein mit dem licht der gnaden dein.

436. Herr Gott ich ruf zu dir

Herr Gott, ich ruf zu dir aus tie_fer angst und
Dein oren neig zu mir, rett mich vom ewgen

not, Hör mei ne stim, mein bitt ver nim: den
tod. aus un_ge_duld die al_te schuld: wer

so du Herr wollst rä__chen
könnt dir wi__der _ spre_chen.

46.

437. Herr Gott erhalt uns

Herr Gott, er _ halt uns für und für die' rei _ ne

ka _ te _ _ _ chis _ mus _ lehr, die' vor mals ist der

rohen welt durch deinen Lu_ther für _ ge _ stellt.

438. Herr höre was mein mund

Nach: Als der gütige Gott.

Herr, hö re, was mein mund aus innerm herzens _ _

grund on al_le' falsch_heit' spricht wend Herr dein an_ge_

sicht, ver_nim mei_ne bit _ _ te'!

287

439. Herr J. Chr: war Gottes

Herr Je_su Christ, war Got_tes Son, der du sizst

in dem höchsten tron: zu dir ruf ich aus herzens

grund, verlaz mich nicht zur lez_ten stund.

440. Herr Jesu Christ war mensch

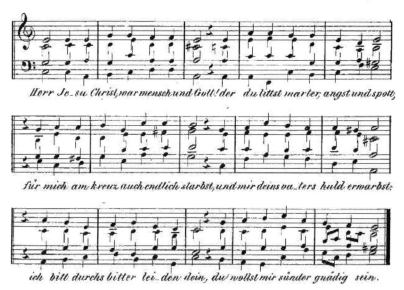

Herr Je_su Christ, war mensch und Gott! der du littst marter, angst und spott,

für mich am kreuz, auch endlich starbst, und mir deins va_ters huld erwarbst:

ich bitt durchs bitter lei_den dein, du wollst mir sünder gnädig sein.

441. Herr Jesu lob und preis

Nach der Melodie des 117 psalms.

Herr Je_su, lob und preis und dank sei deiner güte

le___bens lang! Dein volk ist deiner gnade fro und tröstet

sich und rü_met so: Du bist noch hier, o bleib in ewig__

keit, so weiden wir in enger si_cher__heit.

442. Herr straf mich nicht

Herr, straf mich nicht in deinem zorn, ge__denk an dein er_
Ich bin sonst ganz und gar ver_lorn: er_ ret_te bald mich

bar_men! Durch deines Sons hochteures blut wend ab, o
ar_men!

va_ter! deine rut, und sih mich an in gnaden.

443. Herr wie lange wilt du

Meine seel er muntre dich, deines Jesu
Wie er für dich gi bet sich, darauf deine

lieb ge den ke,
an dacht len ke!
Ach er wäg die grose treue,

und dich deines Jesu freue.

444 Hilf Herr Jesu laz gelingen

Hilf, Herr Jesu, laz ge lin gen, hilf, das neu e

jar geht an: laz es neu e kräfte bringen, daz auf's

new ich wandeln kan. Neues glück und neu es le ben

wollest du aus gna den ge ben.

50.

445. Hilf Gott wie ist der

Hilf Gott, wie ist der menschen not so groz: wer kann es
Ganz tot ligt er on al_len rat, weis los; er kennt auch

alls er_zä__len! Herz mut und sinn ist gar da_hin, ver__
nicht sein e__lend.

derbt mit al_len kräften, weiz nicht wo ers soll heften;

keñt nicht das gut, noch min_der tut was Gott ge_fällt

hat sich ge_stellt wi__der al_len Got_tes wil_len: o

Her_re Gott! hilf uns di_sen jamer stil_len.

446. Hilf mir o Herr

Hilf mir, o Herr, durch deine ehr, aus leid und ver _ derben:

hilf mir, mein hort, durch dein r[ein wort, laz mich dein gnad er ben. Steh mir

hie bei und mach mich frei, laz mich nicht in sünden ster _ ben.

447. Hört die klag der Christenheit

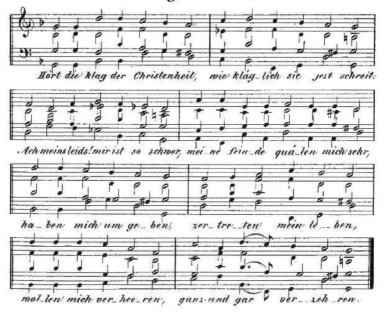

Hört die klag der Christenheit, wie klag lich sie jext schreit:

Ach meins leids! mir ist so schwer, mei ne frin de quä_len mich sehr,

ha_ben mich um ge_ben, zer_tre_ten mein le__ben,

wol_len mich ver_hee_ren, ganz und gar ver_zeh_ren.

448. Hosianna Davids Son

Nach: Meinem Jesu will ich danken

Ho - si - anna Davids Son! der in seines vaters namen
Sich er he bet auf den tron über Jacobs haus und samen,

welchem Gott ein reich bestimmt, dem die reiche diser erden

endlich müzen dienstbar werden das kein en de jemals nimt.

449. Hüter wird die nacht der sünden

Hü ter wird die nacht der sünden nicht verschwinden?

hüter, ist die nacht schier hin? Wird die finster nis der

sinnen bald zer rin nen, darein ich ver wickelt bin?

450. Jamer hat mich ganz umgeben

Jamer hat mich ganz um ge_ben, elend hat mich
Trauren heizt mein kur_zes le_ben, trüb-sal fürt mich

an_ge_tan. Gott hat mich nun gar verlázen: keinen trost weiz
auf den plan.

ich zu fa_zen hie auf di_ser unglücks-ban.

451. Ich armer sünder klag

Ich ar_mer sünder klag mein leid: wie wird mir
Ver_gan_gen ist mir lust und freud, nach_dem ich

nun ge_-sche_hen? mein groze sünd die ich so blind
tu ver_ste_hen?

und leider oft began_gen: wo mir nicht Gott hilft aus der

not von wegen seines sones tod, so bin ich ewig gfangen.

452. Jch armer mensch ich armer

Jch armer mensch ich armer sünder steh hier vor Gottes an gesicht:
Ach Gott ach Gott ver far ge linder und geh nicht mit mir ins gericht.

Er bar me dich, er bar me dich, Gott meiner erbarmer über mich.

453. Jch bin ja Herr in deiner

Jch bin ja, Herr, in deiner macht, du hast mich an das licht ge

bracht, du unter hältst mir auch das le ben; du kennest

meiner monden zal, weizt wan ich disem ja mertal

auch wi der gu te nacht soll ge ben. Wo, wie und wan ich

sterben soll, das weizt du, va ter, mehr als wol.

454. Ich hab mir auserwälet

Ich hab mir aus_er__wä_let Je_sum, das blüme/__
lein; darzu hat sich ge__sel_let das junge/ her_ze/ mein.

455. Ich habe nun den grund

Ich ha__be/ nun den grund ge_funden; der mei_nen
Wo anders als in Je__su wunden? da lag er

an_ker e_wig hält; den grund der un_be_weg_lich
vor der zeit der welt;

steht, wen erd und hi__mel un_ter_geht.

Var:

wenn erd und hi__mel un_ter_geht.

456. Ich freu mich in dem Herren

Ich freu mich in dem Herren aus meines her_zen
Bin frö_lich Gott zu eh_ren jezt und zu al_ler

grund, Mit freuden will ich singen zu lob dem namen
stund.

sein, ganz lieblich soll er__klingen ein neues lie_de_lein.

457. Ich klag den tag und alle

Neue weise.

Ich klag den tag und al_le stund mit hand und mund,

daz mei_ne sund mir hat ver_wundt mein herz in

leid aus bösem grund.

458. Ich sterbe täglich

Ich ster_be täg lich und mein le__ben eilt
Wer kan mir ei_nen bür_gen ge__ben, ob

im_mer fort zum gra be hin.
ich noch morgen le bend bin!² Die zeit geht hin, der tod komt

her; ach wer nur im_mer fer.tig wär!

459. Ich trau auf Gott

Ich trau auf Gott: was wollt mir feh_len! Ich weiz von

kei_ner sorg und not, mich kan auf er_den nichts mehr quälen,

weil ich sag stäts zu mei_ner see_len: Ich trau auf Gott.

460. Ich weiz daz Gott mich

Ich weiz, daz Gott mich ewig lie-bet, ob zwar es je ge-danken gi-bet, hoffnung betriege manchen oft. Ach erd und hi-mel muz ver-gehen, nicht aber Got-tes wort, das selbe bleibt be-ste-hen: niemand ist je ge-wesst, der da um-sonst gehofft.

461. Ich weiz ein blümlein

Ich weiz ein blümlein hübsch und fein, das tut mir wol ge-fal-len: es liebt mir in dem herzen mein das blüme-lein vor andern rös-lein al-len.

462. Ich weiz daz mein erlöser

Ich weiz, daz mein er-lö-ser lebt, ob ich schon hie auf er-den
All meine Fein-de sind er-legt, nicht ei-ner kan mir schaden;

hab sünd ge-tan und ster - _ be.   welcher mir sei-nen lie ben son,
so graz ist Gottes   gna-_de;

Je-sum Christ, hat geschenket: lie-bers war nichts in sei-nem tron,

liesers war nichts in sei-nem tron; hier-an mein herz ge-den-ket,

hier-an mein herz ge-den - _ - _ ket.

463. Jesu deiner zu gedenken

Jesu clemens pie deus

Je su, dei-ner zu ge den-ken kan dem her-zen freu de schenken:

doch mit süzen himels-tränken labt uns dei ne ge gen-wart.

464. Jesu der du selbsten wol

Einen guten kampf hab ich auf der welt ge_kämpfet,
den Gott hat ge_nä_dig_lich mei_ne not ge_dämpfet,
daz ich meines lebens lauf se_lig_lich voll_en_de,
und die seele hi_mel auf Gott dem Herren sen_de.

465. J. du du bist mein leben

Je_sus Je_sus, nichts als Je_sus soll mein wunsch sein
Jetzund mach ich ein ver_bündnis, daz ich will was
und mein zil, den mein herz, mit ihm erfüllt, ru_fet nur: Herr wie du will!
Je_sus will.

466. Jesu ewge sonne

Je_su, ewge sonne, al_ler en_gel monne:

mus für freude muz es sein, wen du kömst ins herz hinein.

467. Jesu meine freud und wonne

Je_su, mei_ne freud und monne; Je_su, meines her_zen

son_ne; Je_su, meine zuversicht; Je_su, meines le_bens licht;

Je_su brunquell al_ler gü_te; Je_su! tröste mein gemüte.

Var:

vers: 4. 5. 6.   v. 3. 4. 5. 6.   v. 3. 4. 5. 6.

468. Jesu meiner seele leben

Je—su, meiner seele le—ben, meines herzen liebster gast:
Schau wie mein ge—müt um ge—ben mit der schweren sünden—last.

Laz nicht deines eifers flammen schlagen ü—ber mir zu—samen!

469. Jesu meines glaubens zir

Je—su, meines glaubens zir; wen ich traure, meine wonne;

wen es nacht ist, meine sonne; mein verlangen für und für:

Du al—lei—ne tilgst die sünden, du al—lei—ne machst mich rein;

du al—lei—ne bist zu fin—den, wen ich sonsten ganz al—lein.

470. Jesu nun sei gepreiset

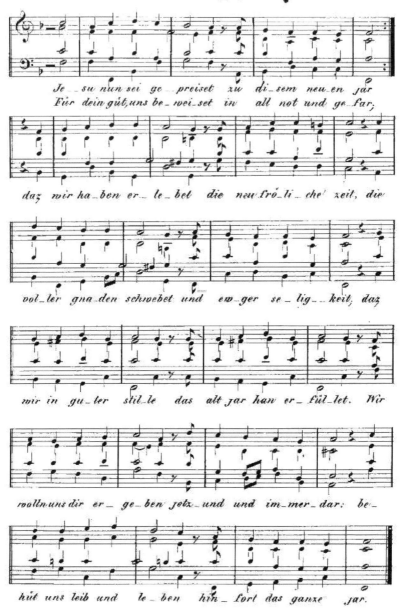

Je su nun sei ge preiset zu di-sem neu en jar
Für dein gut, uns be wei-set in all not und ge far;

daz wir ha ben er le bet die neu frö li che zeit, die

vol ter gna den schwebet und ew ger se lig keit, daz

mir in gu ter stil le das alt jar han er fül let. Wir

wolln uns dir er ge ben jetz und und im mer dar; be

hüt uns leib und le ben hin fort das ganze jar.

471. J. Chr. herscht als könig

Lauda Sion salvatorem

Jesus Christus herscht als könig, al_les wird ihm unter_tänig,

al_les legt ihm Gott zu fuz. Al_le zun_ge soll be_ken_nen,

Je_sus sei der Herr zu nennen, dem manch_er_re ge_ben muz.

472. Jesus ist das schönste licht

Je_sus ist das schönste licht, Je_sus ist des Va_ters
So er aus sich sel_ber spricht, er ist mei_ne lust und

freu_de, Je_sus ist die süze kraft, die mit lie_be mich ent zündet,
wei_de.

da mein herz al_lei_ne fin_det, was mir ruh und freude schafft.

473. Jesus ist mein Freudenleben

Komst du, komst du, licht der hei_den? ja du komst und säumest nicht,

weil du weizt, was uns gebricht: o du starker trost im lei_den!

Je_su, meines herzens tür steht dir of_fen, kom zu mir.

474. Jesus schwebt mir

Je_sus schwebt mir in ge_danken, Je_sus ligt mir stäts im sinn;
von ihm will ich nimmer wanken, weil ich hier im leben bin.

Er ist mei_ner augen weide, meines herzens höchste freude,

meiner seele schönste zir, Je_sum lieb ich für und für.

475. Ihr Christen auserkoren

Ihr Christen aus_er _ ko _ _ ren, freut euch von herzen sehr:
Der hei_land ist ge _ bo _ ren! recht gu_te neue mär.

Des freuen sich dort oben der heil_gen en_gel schar,

und Gott den Va_ter lo _ ben jezt und fort im _ mer _ dar.

476. Ihr gestirn ihr holen lüfte

Ihr ge_stirn, ihr ho_len lüf _ te und du licht_tes
Tie_fes rund, ihr dunklen klüf_te, die der wi_der_

fir _ ma _ ment; jauchzet frö _ lich, lazt das sin _ gen
hall zer _ trennt;

jezt bis durch die wol _ ken dringen!

477. Ihr lieben Christen freut euch

Ihr lie-ben Christen freut euch nun bald wird er scheinen Got-tes

Son, der un-ser bruder worden ist, das ist der lieb Herr Je sus Christ.

478. In Betlehem ein kindelein

Ich sin-ge dir mit herz und mund, Herr meines her-zen

lust: ich sing und mach auf erden kund, was mir von dir be - wuzt.

479. In dem leben hier auf erden

In dem le-ben hier auf er-den ist doch nichts als ei-tel-keit,
Bös exem-pel, nil be - schwerden, plage, kla-ge, müh und streit,

kummer, sor-ge, angst und not; krankheit und zu-letzt der tod.

480. In dich hab ich gehoffet

In dich hab ich ge_hof_fet, Herr! hilf daz ich   nicht zu schanden
werd, noch e wig _ lich zu spot _ _ te. Das bit ich dich, er_
hut_te   mich in dei_ner   treu, Herr   Got _ _ _ te.

481. Ins feld geh zäle alles gras

Nach: Der tag bricht an

Ins feld geh,   zä_le   al_les   gras;   die zal wirst
Fin_den o _ ne   maz: zur ewig _ keit doch was ist
das?   O e _ wig _ keit!

482. Kom Geist der Christi

Kom heiliger Geist

Kom geist der Christi kirch er baut, der auch der gottheit tie fen schaut, kom grözter zeuge je ner mor te, die nicht bezwingt der höllen pfor te: zeug uns, wie Gott die welt ge liebt, daz er den ein gen son ihr gibt, gibt zur ver ge bung ih rer sün de auf daz sie heil und le ben fün de. Halle lu ja, halle lu ja.

483. Ins feld geh zäle alles gras

Ins feld geh, zä le al les gras, die zal wirst fin den o ne maz zur e wig keit dach was ist das? O e wig keit!

484. Lazet uns mit Jesu ziehen

Lazet uns mit Je su zie-hen; sei nem vor-bild fol-gen nach,
In der welt der welt ent fliehen, auf der ban, die er uns brach,

immer fort zum hi _ mel rei _ sen, irdisch noch doch himlisch sein,

glau ben recht und le _ ben fein, in der lieb den glauben weisen.

Treuer Je _ _ su, bleib bei mir: ge he vor, ich fol _ ge dir.

485. Liebes herz bedenke doch

Lie_bes herz be _ denke doch deines Je _ su grose gü _ te;
Rich_te dich jext freudig auf, und er wecke dein ge_mü te.

Je _ sus kömt dir als ein kö_nig, der sich dei_nen helfer nennt,

und sich durch diz wort dir al_so   selbst zu deinem heil verpfändt.

486. Lazet uns den Herren
Nach: Jauchzet all mit macht

Lazet uns den Herren preisen und vermehren seinen rum;
Stimet an die süzen wei sen, die ihr seid sein ei_gentum.

E_wig wä_ret sein erbarmen, e_wig will er uns umar_men

mit der sü_zen lie_bes_huld, nicht ge_den_ken unsrer schuld.

Prei_set e_wig sei_nen na_men, die ihr seid von Abrams samen;

rümet e_wig sei ne wer ke, ge_bet ihm lob, ehr und stärke.

487. Laz dich nur nichts nicht

Neue weise.

Laz dich nur nichts nicht dau_ern mit trau_ern! Sei

stille wie Gott es fügt, da_ran ge_nügt, mein wil_le!

488. Lazt uns mit traurigem herzen

Lazt uns mit trau_ri_gem her_zen ü_ber die sünd

tragen schmerzen, da_von abstehn, auf daz mir nicht gar vergehn.

489. Liebe die du mich zum bilde

Nach: Zeuch mich zeuch mich mit den armen

Lie_be, die du mich zum bilde dei_ner gott_heit hast gemacht;
Lie_be, die du mich so milde nach dem fall hast wi_derbracht:

Lie_be, dir er_geb ich mich, dein zu blei_ben ewig_lich.

490. Liebster Jesu du wirst komen

Liebster Je__su, du wirst komen, zu er_freu__en

dei__ne fro__men, die be__drän_get sind allhier: Je_su mich,

Je__su, mich ver__langt nach dir.

491. Lob sei dem allmächtigen Gott

Lob sei dem allmäch_ti_gen Gott, der sich un_ser er_

bar_met hat. ge_sandt sein al__ler_lieb_sten son, aus

ihm ge_born im höch_sten tron.

492. Lob sei dir gütiger Gott

Herr, ich denk an jene zeit, daz ich disem kurzen le-

ben wegen meiner sterblichkeit gute nacht muz geben

mañ ich werd auf dein gebot durch den tod alles über streben.

493. Lob und preis danksagung

1 Lob und preis, danksagung und her - lich - keit sei dir
6. O ihr Christen, hört und mer - ket e - ben: Christo
12. Ei nun luzt uns herz lich zu ihm schrei - en, bit - ten

Gott Vä - ter der barm her - = zig - keit und Chri-
sind al - le ding un - ter - ge - ben, er ist
daz er uns hie gnad ver - lei - hen und von

sto deim son in e - wig keit.
un - ser e - wi - ges le - = ben.
al - lem ü - bel woll be - frei - en.

494. Lobet den Herren alle die

Lo-bet den Her-ren al-le die ihn fürchten, lazt uns mit

freu-den sei-nem namen sin-gen und preis und dank zu

sei-nem al-tar brin-gen. Lo-bet den Her-ren.

495. Lobet Gott unsern Herren

Kei-nen hat Gott ver-lazen, der ihm ver-traut all-zeit;
Und ob ihn gleich oik hazen, ge-schicht ihm doch kein leid.

Gott will die sei-nen schüt-zen, zu-lezt er-he-ben hoch,

und ge-ben, was ihm nüt-ze, hie zeit-lich und auch dort.

496. Lobet Gott o lieben Christen

A. Chor

1. Lo_bet Gott, o lie_ben Christen! singet ihm mit dem psalmisten

ein_neu frö_lich lied, den aus grozer lieb macht Gott mit

uns ei nen e_wi_gen frid. 2. Der son Gottes ist nun komen,
3. Er ist ko__men, uns zu hei_len

hat un_ser fleisch an_ge_no_men, ist hie er_schienen, uns zu ver_
und sein gut mit uns zu tei_len, uns zu ent_bin_den von allen

sü_nen, und e_wi__ge klar_heit zu ver_dienen.
sün_den, wie uns sein en_gel frölich ver_künden.

B. Gemeinde.

Danksag_ung sei Gott, der mit uns durch seinen son

sol_che barm_her_zig_keit hat ge_tan.

497. Macht hoch die tür

Macht hoch die tür, die tor macht weit! es

komt der Herr der her _ lich keit, ein kö _ nig al _ ler

kö _ _ nig _ reich, ein heiland al _ ler welt zu _ gleich, der

heil und le _ _ ben mit sich bringt, der hal _ ben jauchzt mit

freu _ den singt: Ge _ lo _ bet sei mein Gott, mein

schöp _ fer, reich von rat.

498. Maria zart

Ich seufz und klag vil lan_ger tag; mein trübsal tut sich
So ist die sag, so oft ich frag: ich soll zu dir, Herr,

hau_fen. Den gnad und gunst hast du umsonst durch Christum
lau_fen.

fcil ge_tra gen, da er zu uns tut sa_gen:

komt zu mir all, so euch trübsal und ja_mers

not bis in den tod mit sünden will ver_stri_cken, kehr

zu mir her. du klei_nes heer, so will ich dich er_quicken.

499. Mein geschrei und meine trähnen

Mein ge-schrei und mei-ne trähnen hab ich hi- mel-auf ge-
Hei-ne seufzer, angst und sehnen

schickt: Gott wird hülf und ret-tung senden, zu ihm pfleg ich

mich zu men-den, wen mich angst und trübsal drückt.

500. Mein Jesu der du mich

Auf! see-le sei ge-rüst: dein hei-land Je-sus Christ

brent vor ver-lan-gen; sein her-ze seh-net sich, noch vor dem

lei-den dich recht zu um-fan-gen.

501. Mein junges leben hat ein end

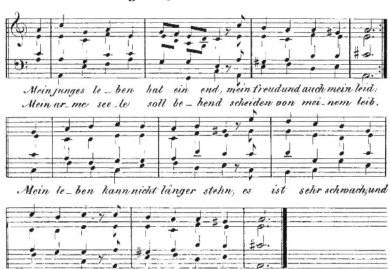

Mein junges le _ ben hat ein end, mein freud und auch mein leid;
Mein ar_me see_le soll be_hend scheiden von mei_nem leib.

Mein le_ben kann nicht länger stehn, es ist sehr schwach und

muz ver_grhn im to _ des kampf und streit.

502. Mein könig schreib mir

Mein kö_nig schreib mir dein ge_setz ins herz, das meinen

geist erget; dein kö_nig licher trieb zünd mir das sanfte feu_er

an, und für mich auf der feu_er bau durch engel_glei_che lieb.

503. Mein lieber Herr

Mein lie_ber Herr, ich preise dich, von ganzem herzen freu ich mich;
Daz ich, dein ar_me die_ne_rin, mit gnaden ange_se_hen bin.

All gottes_kinder werden mich des se_lig sprechen e_wiglich; du

hast mich durch dein groze macht zu sol_chen grozen eh_ren bracht.

504. Mein schöpfer steh mir bei

Mein schöpfer, steh mir bei, sei mei_nes le_bens licht;
Dein au_ge lei_te mich, bis mir mein au_ge bricht.

Ich le_ge mei_ne gli_der auf dei_nen al_tar nie_der,
Ich op_fre mei_ne kräfte für dich und dein ge_schäf_te.

Du willst daz ich der dei_ne sei: mein schöpfer, steh mir bei.

505. Meine hoffnung steht auf Gott

Neue meise

Mei_ne hoffnung steht auf Gott! Gott, mein heiland und er_retter,

stil_ler al_ter kreuzes wet_ter, steh bei mir bis in den tod.

Mei_ne hoffnung steht auf Gott, mei_ne hoffnung steht auf Gott!

506. Mein seel dich freu

Mein seel dich freu, voll ju_bels sei, mit glauben wol ge_zie_

ret! zur malzeit schön wirst du heut gehn, zu der dich

Chri___stus fü__ret.

507. Meine liebe hängt am kreuz

Mei_ne lie_be hängt am kreuz: ich will ihn da_selbst um_

lazen, und nicht lazen, daz er durch sein teu_res blut

ma_che mich ge_recht und gut.

508. Meinen Jesum ich erwäle

Mei_nen Je_sum ich er_wä_le, kei_nen lie_bern
Auf ihn freut sich mei_ne see_le, Je_sus bleibt mein

find ich nicht: Da_rum, da_rum ruf ich hier, mit be_gir:
le_bens licht.

Kom, o Je_su, ho_le mich; mei_ne see_te lie_bet dich.

309. Mein seel erhebt den Herren

Wies Gott ge_fällt, so gfällts mir auch und laz mich gar nicht

Ob mich zu zei_ten beizt der rauch und wen sich schon ver_

ir _ ren!
wir ren

all su _ chen gar, weiz ich für _ war, Gott

wirds zu_lezt wol rich_ten: wie ers will han, so muz be_

stan, solls sein, so sris on lich _ ten.

310. Mein seel erhebt zu diser frist

Mein seel er_hebt zu di _ ser frist den Her..ren, der so

Der geist in mir sich freuet sehr meins hei lands, denn mein

gü __ tig ist: hat an _ ge _ se _ hen gnä _ _ _ _ dig_
Gott und Herr

lich seinr magd e_lend; drum werden mich prei_sen se_lig all

kin_des_kind; bei Gott man sol_che gna___de findt.

511. Mein wallfart ich vollendet hab

Mein wallfart ich voll_en_det hab in di_sem
Jetz_und legt man mich in das grab, darauf tut

bö___sen le'__ben: ein neu_e freud und se_lig_
sich an_he__ben

keit bei Christo, mei_nem Her_ren, die al_len fromen

ist be_reit: diz ist die kron der ehren.

512. Meinen Jesum laz, ich nicht

Mei_nen Je_sum laz, ich nicht! Weil er sich für mich ge_ge_

ben: so er_for_dert mei_ne pflicht, unver_rückt an ihm zu kle_ben.

Er ist meines le_bens licht: mei_nen Je_sum laz, ich nicht!

513. Mensch will du leben seliglich

Mensch, will du le_ben se_lig_lich und bei Gott blei_ben

e _ _ _ wig_lich: solt du hal_ten die zehn ge_

bot, die uns ge _ _ beut un_ser Gott. Ky_ri_e_leis.

514. Mit frid und freud

Mit frid und freud in guter ruh, frö_lich lät ich mein augen zu.

515. Nicht so traurig

Nicht so trau_rig, nicht so sehr, mei_ne see_le, sei be_trübt,
Daz dir Gott glück gut und ehr, nicht so vil wie an_dern gibt.

Nim vor_lieb mit dei_nem Gott: hast du Gott, so hats nicht not.

516. Nun begehn wir das fest

Nun be_gehn wir das fest in freud aufs al_ter_best, all un_

ser her_zen heut sin_gen mit frö_lich_keit: Christ, Gott und mensch von

art, hält sei_ne himel_fart, der un_ser al_ler mitt_ler ward.

517. Nun ist es zeit zu singen

Nun ist es zeit zu sin_gen hell: Ge_bo_ren.

ist Im_ma_nu__el von Ma_ri_a der rei_nen

magd, wie E_sa_i_as vor_ge_sagt.

518. Nun schlaf mein liebes kindelein

Nun schlaf mein lie_bes kin_de_lein, und tu dein

äuglein zu, denn Gott der will dein va_ter sein, drum

schlaf mit gu_ter ruh, drum schlaf mit gu_ter ruh.

519. Nun schläfet man

Nun schläfet man, und wer nicht schlafen kann, der be _ te

mit mir an den grozen na _ men, dem tag und nacht wird von der

himelswacht preislob und ehr gebracht: o Je _ su, amen!

520. O du nur einen tag

Nach: Magne pater Augustine

O du nur ei _ nen tag ent _ behr _ ter, und doch mit
Bist du schon wider da, ver _ klärter! schlägt wi _ der

angst und heizem schmerz! Du stillst Ma _ ri _ ens sehnsuchts _ träh _ nen,
schon dein wundes herz!

du schwebst durch schloz und ri _ gel ein, an fri _ dens _ grüz im

kämer _ lein die dei _ nen lieb _ lich zu ge _ wö _ nen.

521. O grozer Geist o ursprung

Nach: Magne pater Augustin

O grozer Geist, o ursprung aller dinge! o ma‿je‿
Wer ist, der dir ein wirdig loblied singe! welch sterblich

stät voll pracht und licht! Stellt sich der Se‿ra‿fi‿nen schar
herz er‿zit‿tert nicht!

vor dei‿nem tron ver‿hül‿let dar: wie soll‿te nicht ich

handvoll er‿den vor dir voll furcht und schauer wer‿den!

522. O grozer Gott von macht

O grozer Gott von macht und reich von gü‿tig‿keit! wilt

du das ganze land strafen mit grimmigkeit! Vil‿leicht möch‿

ten noch fro_me sein, die tä_ten nach dem willen dein, drum

wollest du ver_schonen, nicht nach den wer_ken lo__nen.

523. O Jesulein süz

ö hei_li_ger Gott, all_mächti_ger held! Herr

Je_su, hei_land al__ler welt! du hast uns durch dein

teu_res blut er__lö__set von der höl_len glut: o

hei_li__ger Gott, all_mäch_ti_ger_held!

524. O Christe warer Gottes Son

O Christe, uns_re se_lig_keit, der du in der kindheit

am ach_ten tag bist be_schnitten nach jü_di_schen sit_ten,

hast erst_lich dein rein blut ver_goz_en uns zu gut:

bist un_ter das ge_setz ko_men, hast auf dich ge_no_men

sei_nen fluch und schwere bür_den, daz wir der los würden.

Der_hal_ben du, Je_sus ge_nant, hast macht, hie von sünden

als ein rech_ter hei_land dein volk zu ent_binden.

525. O ihr auserwälten kinder

Auf! erwecket euch zum glauben, die ihr Zions bürger seid!
Lazt euch ihr durchaus nicht rauben, scheuet kei _ ne lei _ denszeit.

Wenn die wellen hoch aufschwellen, müzt ihr di _ sen an _ ker

werfen und das schwert des geistes schärfen.

526. O mein Jesu ich muz sterben

O mein Je _ su ich muz sterben, ei _ le stündlich zu dem tod;
Laz nicht e _ wig mich verderben, wañ ich kom in lez _ te not.

o mein helfer, in den schmerzen, o mein Je _ su! steh mir bei;

hör, ich bitt dich ach! von her _ zen, und im tod mir gnad verleih.

527. O mensch wilt du vor Gott

O mensch wilt du vor Gott be_ stan: so muzt al_lein ihn

ru_fen an, kein and_re göt_ter ne_ben ihn an_

bet noch ehrn in dei_nem sinn.

528. O stilles Gotteslamm

Ich freue mich in dir und heize dich wilt_
Mein liebstes Je_su_lein! du hast dir vor_ge_

ko_men, mein brüder_lein zu sein: ach wie ein süzer
no_men,

ton! wie freundlich siht er aus, der groze Got_tes Son!

529. O traurigkeit o herzenssehnen

O traurigkeit, o her_zens_seh_nen, o schweres
Ach daz ich doch köñt im_mer trähnen und wär auf

blei der sündenlast! ach daz vor mei_nem sünd'gen le_
seufzer stäts gefazt!

ben ich möcht aus grozer furcht er be_ben.

530. O wächter wach und bewar

O wächter, wach und be_war dei_ne sin_nen,
den die fein_de ko_men für dei_ne zin_nen, wol_
len dein schloz ge__win__nen.

531. O weh des schmerzen

O weh des schmerzen, den ich ar _ mer tra _ ge
Gott laz dich er _ bar _ men über mei _ ne not
Im _ mer mirs kränket all mein ge mü _ te
Daz er sich wollte dem bittern to _ de ge _ ben
Wo soll ich fin _ den meines her _ zens trost?

an mei nem her _ zen; weiz nicht, wem ichs kla _ ge.
und trö _ ste mich armen durch dei _ nen tod.
so mir ge _ denket von sei _ ner gü _ te.
daz er uns kaufte ein e _ wi _ ges le _ ben.
der sich liez bin den, daz ich würd er _ lost!

532. O wie selig sind die seelen

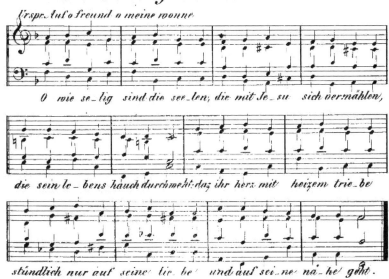

Urspr. Auf o freund o meine wonne

O wie se _ lig sind die see _ len, die mit Je _ su sich ver:mählen,

die sein le _ bens hauch durchwebt: daz ihr herz mit heizem trie _ be

stündlich nur auf seine lie _ be und auf sei _ ne nä _ he geht.

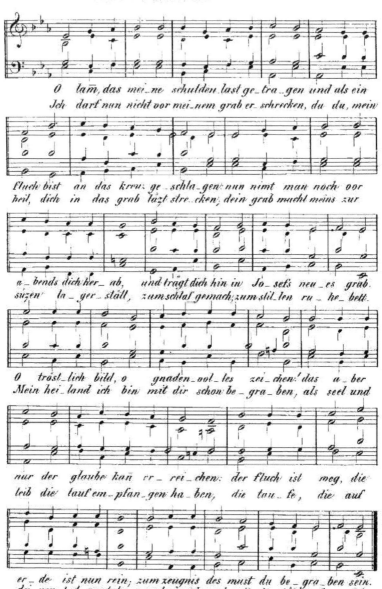

533. Psalm 32

O lam, das mei_ne schulden last ge_tra_gen und als ein
Ich darf nun nicht vor mei_nem grab er_schrecken, du du, mein

fluch bist an das kreuz ge_schla_gen; nun nimt man noch vor
heil, dich in das grab lazt stre_cken; dein grab macht meins zur

a_bends dich her_ab, und tragt dich hin in Jo_sefs neu_es grab.
süzen la_ger_statt, zum schlaf gemach; zum stil_len ru_he_bett.

O tröst_lich bild, o gnaden_vol_les zei_chen! das a_ber
Mein hei_land ich bin mit dir schon be_gra_ben, als seel und

nur der glaube kan er_rei_chen: der fluch ist weg, die
leib die tauf em_pfan_gen ha_ben, die tau_fe, die auf

er_de ist nun rein; zum zeugnis des must du be_gra_ben sein.
dei_nen tod geschehn: nun laz mich auch mit dir stäts auf_er_stehn.

534. Psalm 23.

Ich danke dir, o Gott, in dei_nem tro_ne durch Je_sum

Christum, deinen lie_ben so_ne, daʒ du mich wol_len

di_se nacht be_wa_ren für schaden und für mancher_lei ge_

fa_ren, und bit_te dich, wollst mich an di_sem ta_ge

be_hü_ten auch für sün_den schand und pla_ge.

535. Psalm 24. 62. 95. 111.

Mit rech_tem ernst und ganzem fleiʒ sag ich dem Her_ren

lob und preis, und dank ihm in dem rat der fromen. Ich prei se

sei _ nes na _ mens rum da, wo sein volk und ei _ gen _ tum mit

an _ dacht pflegt zu hauf zu ko _ men.

536. Psalm 30. 76. 139.

Herr, du er _ for _ schest wer ich bin, du weizest wol mein

herz und sinn; ich sitz, steh, geh, ja was ich tu, was ich be _

gin, das weizest du: was ich ge _ denk, was ich tu sin _ nen,

das wirst du auch von fer _ ne in _ nen.

537. Psalm 83.

Du al_ler schönster, den ich weiz, du mei_ner au_gen

pa_ra_deis, du süzer, dem ich mit ver_lan_gen

von ju_gend auf bin nach ge_gan_gen! ach sih mich hier zu

dei_nen füzen: laz, Herr, mich dei_ner huld ge_nie_zen.

538. Psalm 93.

Die zeit geht an, die Je_sus hat bestimt, da al_les

leid bei mir ein en_de nimt. Ge_hab dich wol, mein

ker ker, bö se welt! mit al_lem dem, was deinem geist gefällt

539. Psalm 133.

Schau an, wie fein und lieb lich ist das le_ben, weñ bruder

sich zu_samen so be_ge_ben, daz ih_re her_zen

ei_nes sind; weñ sie ein geist zu ei_nem zweck verbindt,

daz Got_tes Son werd ü_ber all ge_ehrt das sün_

den_reich mit macht zer_stört.

540. Psalm 51. 69.

O menschen freund, o Je–su, le–bens quell, o brunen vol–ler

gnad, o mein er–ret–ter; er–bar–me dich, o kräfti–ger ver–

tre–ter! ge–denk an mich, o mein Imma–nu–el. Ich ste–he hier

mit furcht und angst be legt; ich klag es dir, du prüfer mei–ner

nie–ren; du bist ein arzt, der kranke see–len trägt,

du bist ein hirt, der sein schaf selbst will fü–ren.

541. Psalm 112.

ich Je–su, mei–ner see–len freu–de, mein reich–tum, wen ich

man_gel lei_de; mein heil in mei_ner sün_den last!

Mein anker, men mein schiff will manken, mein licht: wie kann ich

dir ver_dan_ken, das du mich so ge_lie_bet hast!

542. Psalm 146.

Herr auf dich steht mein ver trauen: eil zur hilf mir, Herr mein

Gott! das ich, wie mir menschen dräuen; nicht ge_rat in schand und

spott! Rett, ach ret_te dei_nen knecht durch dein unver_fälschtes recht.

543. Psalm 65. 72.

Zu Zion wird dein nam er ho ben,   o Gott mit lob und
Und was die leut hie an ge lo ben,   be za len sie mit

preis; den weil du das ge bet der schwachen   er hö rest für und
fleiz.

für,   will al les fleisch heran sich machen und komt, o Gott, zu dir.

544. Psalm 81.

Un be greif lich gut, wa rer Gott al lei ne: Herr, der

wunder tut,   hei lig grozer   Gott, star ker Ze ba

ot!   dich, o Herr, ich   mei ne.

545. Psalm 132.

Christ spricht: O seel, o tochter mein! heb auf dein kreuz, schick

dich da_rein, es kan und magnicht anders sein; das kreuz, das

ich ge_tra_gen hab, must du nun werfen auch nicht ab.

546. Psalm 138.

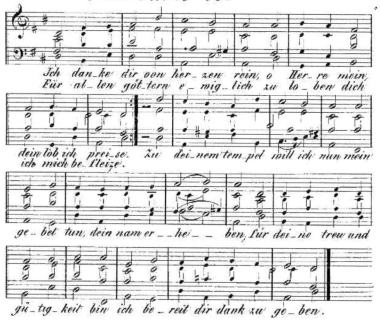

Ich dan_ke dir von her_zen rein, o Her_re mein,
Für al_len göt_tern e_wig_lich zu lo_ben dich

dein löb ich prei_se. Zu dei_nem tem_pel will ich nun mein
ich mich be_fleize.

ge_bet tun, dein nam er__he__ben, für dei_ne treu und

gü_tig_keit bin ich be_reit dir dank zu ge_ben.

547. Ruhet wol ihr totenbeine

Ruhet wol ihr to_ten_bei_ne, in der stil_len einsamkeit!

Ruhet, bis das end er_schei_ne, da der Herr euch zu der freud

ru_fen wird aus eu ren grüften zu den freien himels lüf_ten.

548. Schwing dich auf zu deinem

Schwing dich auf zu dei_nem Gott, du be_trüb_te see_le!
Warum ligst du Gott zu spott in der schwermut hö_le?

Merkst du nicht des Satans list er will durch sein kämpfen

deinen trost, den Je_sus Christ dir er_ wor_ben, dämpfen.

549. Schwing dich auf zu deinem Gott

Fang dein werk mit Je_su an, Je_sus hats in hän_den;
Je_sum ruf zum bei_stand an, Je_sus wirds wol en den.

Steh mit Je_su mor_gens auf, geh mit Je_su schla_fen;

für mit Je_su dei_nen lauf, laze Je_sum schaf_fen.

550. Schönster Herr Jesu

Schönster Herr Je_su, her_scher al_ler er_den,

Got_tes und Ma_ri_ae Son! Dich will ich lie_ben,

dich will ich eh_ren, mei_ner see_len freud und kron.

551. Schönster Jesu meine freude

Schönster Je _ su, mei _ ne freude; mei _ nes her _ zen' sü _ ze

mei _ de: nichtes ist auf di _ ser welt, das mir o _ ne dich ge _ fällt.

O _ ne dich kränkt meinen mut reich _ tum, ho _ heit, ehr und gut.

552. Sag was hilft alle welt

Sag, was hilft al _ le welt, mit al _ lem gut und

gelt! Al _ les verschwindt, geschwind, als wie der rauch im wind.

553. Seele laz die speise stehen

See _ le, laz die spei _ se stehen die nur e _ kel dir erweckt;
Eile zu dem mal zu gehen, welches nach dem himel schmeckt,

das die teu tel zwar ent rüstet, doch die engel selbst gelüstet.

554. Selig ist der dem Gott der Herr

Se_lig ist der, dem Gott der Herr sei_ne ü _ ber_ tre_

tungen hat ver_ge_ben; dem sei ne sünd be decket sind

als ei nem kind zu dem e_wi_gen le_ben. Wol dem, dem

Gott sein mis_se_tat will nimmermehr zu_mezen; des geist on

list und falschheit ist, des wird im himel nicht ver_gezen.

555. Sei Gott getreu halt seinen

Sei Gott ge=treu, halt seinen bund, o mensch in dei= nem le=ben;
Leg di=sen stein zum ersten grund, bleib ihm allein er = ge=ben.

Denk an den kauf in der=ner tauf, da er sich dir ver=schrie=ben

bei sei=nem eid in e=wig=keit als va=ter dich zu lie _ _ ben.

556. Sei getrost Gottes gemein

Sei ge=trost, Got=tes ge=mein, freu dich dei=nes Herrn al=

lein, der dir hat sein son ge=sandt zum treu=en

hel=fer und hei=land.

557. Seufzen elend weh u.klagen

Ach wie hat das gift der sün_den mich an seel und
Das nichts guts an mir zu fin_den, und da_rü_ber

leib verderbt, Got_tes bil_des und der ga_ben, so die er_sten
bin ent_erbt

el_tern ha_ben aus des fromen schöpfers hand vormals in der

un_schuld stand ü_ber ko_men und er_kannt.

558. Sig sig mein kampf

Sig, sig! mein kampf ist aus, nun hab ich mei_ne kro_ne!
Hier ist das hi_mels_haus: ich steh vor Got_tes tro_ne

in rei_ner weizer sei_den, so heizt mich Je_sus kleiden.

559. Sie ist mir lieb

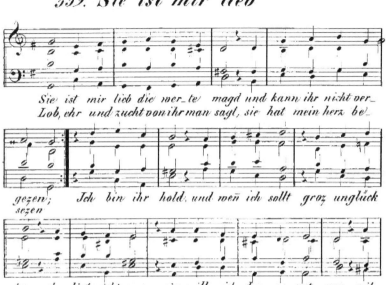

Sie ist mir lieb die wer_te magd und kann ihr nicht ver_
Lob, ehr und zucht von ihr man sagt, sie hat mein herz be_

gezen; Ich bin ihr hold, und meñ ich sollt groz unglück
sezen

han, da ligt nicht an: sie will mich des er_get_zen mil

ih_rer lieb und treu an mir, die sie zu mir will set_zen

und tun all mein be_gir.

566. So wünsch ich nun ein gute

So wünsch ich nun ein gu _ te nacht der welt und
Ob sie mir gleich vil ja _ _ mers macht: Gott wird mich

laz sie faren! Ich meint, die welt wär
wol be _ wa ren.

ei _ tel gelt: be _ find es nun vil anders.

561. So wünsch ich nun ein gute

So wünsch ich nun ein gu_te nacht der welt und laz sie fa_ren!
Ob sie mir gleich vil jamers macht: Gott wird mich wol bema_ren.

Ich meint, die welt wär ei_tel gelt: be_find es nun vil an_ders.

562. Sollt es gleich bisweilen

Sollt es gleich bis_wei_len schei_nen, als wenn Gott ver_liez die

sei_nen; ei so glaub und weiz ich diz: Gott hilft end_lich doch ge_wis.

563. Sollt es gleich bisweilen

Sollt es gleich bis_weilen scheinen, als wen Gott ver_lieg die

sei_nen, ei so glaub und weiz ich diz; Gott hilft endlich doch gewis.

564. Sollt es gleich bisweilen

Sollt es gleich bis weilen scheinen, als wen Gott verlieg die sei_nen;

ei so glaub und weiz ich diz: Gott hilft endlich doch gewis.

565. Spigel aller tugend

Neue weise

Spigel al_ler tu_gend, fü_rer mei_ner ju_gend,

meister mei_ner sin_nen! Je su, der vor al_len

mir vor längst ge fal _ ten: laz dich lieb ge _ win _ nen!

566. Steh auf Herr Gott

Va ter der barmherzig _ keit, on den nichts auf er _ den
Ver dienstlich zur se _ lig _ keit mag be_geh_ret wer den:

mach un_sern geist so be _ hend, daz er sich ganz zu dir wend,

und des, was er recht be _ gehrt, zur se _ lig _ keit werd gewärt.

567. Steh doch seele steh doch

Steh doch seele, steh doch stil _ le und be _ sinn dich, wo du bist!
Den ke doch, wo dich dein wil_le, der so gar im eiteln ist,

der so gar klebt an der er de, endlich hin ver_lei_ten wer_de.

568. Sündiger mensch schau

Sün_di_ger mensch, schau, wer du bist! spricht unser

Iler_re Je_sus Christ: ge_denk, du seist in Got_tes

zorn, mit deim tun e_wig_lich ver_lorn.

569. Süzer Christ du du bist

Sü_zer Christ, du, du bist mei_ne won_ne!

du bist mei_nes her_zen lust, dich trag ich in mei_ner brust,

o du schö_ne hi_mels son_ne!

357

570. Triumpf triumpf dem lamm

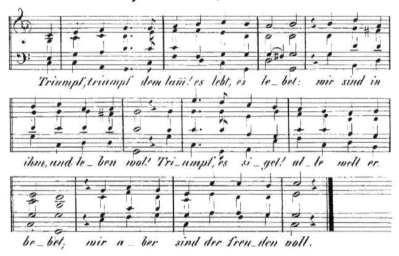

Triumpf, triumpf dem lam! es lebt, es le_bet: wir sind in

ihm, und le_ben wol! Tri_umpf, es si_get! al_le welt er_

be_bet; wir a_ber sind der freu_den voll.

571. Triumpf triumpf es kömt

Triumpf, tri_umpf! es komt mit pracht der si_ges_Fürst

heut aus der schlacht: wer seines rei_ches unter_tan, schau heute

sein triumpfsfest an. Triumpf, tri_umpf! triumpf, tri_

umpf! vic_to_ri a! und e_wi_ges halle_lu_ja.

572. Unser herscher unser könig

Un_ser herscher, un ser kö_nig; un_ser al_ler_
Her_lich ist dein grozer na_me, weil er wunder_

höchstes gut! Löb lich nah und auch von fer_nen, von der
ta_ten tut.

erd bis an die ster_nen.

573. Unser Jesus in der nacht

Je_ru_sa_lem, Got_tes stadt, ist Chris ti_ge_meine,

die ihm Gott er_bau_et hat von gar ed len stei_nen.

574. Versuchet euch doch selbst

Urspr. O Gott du fromer

Ver_su_chet euch doch selbst, ob ihr im glauben ste_het,

ob Christus in euch ist, ob ihr ihm auch nach ge het

in de mut und ge duld, in sanftmut, freundlich keit, in

lieb dem nächsten stats zu die nen seid be reit.

515. Vater unser der du bist

Va ter un ser der du bist: Ky ri e le i son!

gib uns er ken nen Je sum Christ. Vater mein er barm dich un

ser auf er den, daz wir dein lie be kin der wer den.

576. Von Gott will ich nicht lazen

Von Gott will ich nicht la _ zen, denn er läzt nicht von mir,
Fürt mich auf rechter strazen, da ich sonst ir-ret sehr.

Er rei_chet mir sein hand, den abend und den mor_gen tut

er mich wol ver_sor_gen, sei wo ich woll im land.

577. Wach auf in Gottes name

Wacht auf, ihr Christen al_le, seid nüchtern al_le_
Ruft an mit rei_chem schalle den vatr im himel_

zeit; Er wird sonst hef_tig strafen und uns ver_la_zen
reich.

gar, wo wir der sünd nicht ma_zen, von al_lem ü_bel

la _ _ zen: o weh der gro_zen gfar!

578. Wacht auf ihr Christen

Wacht auf, ihr Christen al..le, wacht auf mit grozem fleiz! in

di..sem ja..mer..ta..le, wacht auf! sist mehr den zeit. Der

Herr wird bal..de komen, der tag will abend han, die

sünd wird er ver..dammen: wer mag vor ihm be..stan!

579. Was traur ich doch

Nach: Herr Gott wann du

Was traur ich doch! Gott lebt ja noch und sizt im hi..mel al..so

hoch; daz er im augenblick kan wenden all mein un..ge..lück

16.

580. Was frag ich nach der welt

Nach: Die wollust diser welt

Was frag ich nach der welt und al_len ih ren schätzen, wenn

ich mich nur an dir, Herr Je su, kann er_get_zen! dich

hab ich ein _ zig mir zur freu_de vor_ge_stellt; du

du bist mei_ne ruh: was frag ich nach der welt!

581. Was hinkel ihr betrognen

Urspr: Wachet auf ihr faulen

Was hin_kel ihr, be trog_ne seelen, noch immer_hin auf

bei_der seit! Fällts euch zu schwer, das zu er_wä_len, was

euch des hi_mels ruf an beut? O schts mit off_nen au_gen

an und brechet auf der schmalen ban hin_durch!

582. Welt ade ich bin dein müde

Welt, a_de! ich bin dein mü_de, ich will nach dem himel

zu, da wird sein der rechte fri_de und die stol_ze seelen_ruh.

Welt, bei dir ist krieg und streit, nichts den lauter ei_tel_keit;

in dem himel al le zeit fri_de, ruh und se_lig_keit.

583. Was Gott gefällt

Was Gott ge_fällt, mein fromes kind! nim frö_lich an, stürmt

gleich der wind und braust,daz al_les kracht und bricht: so sei ge=

trost, den dir ge_schicht,was Gott ge_fällt.

584. Wenn ich in angst und not

Wenn ich in angst und not mein augen heb em_por zu

dei_nen ber_gen, Herr! mit seufzen und mit fle_hen: so

neigst du mir dein or, daz ich nicht darf be_trübt von

dei nem ant litz ge hen.

Vär:

Wenn ich in angst und not mein augen heb em por.

585. Wenn meine seel den tag

Wenn mei ne seel den tag be den ket, da mei ne
Da mein ge lieb ter arzt ge kränket durch sei ne

sonn zur nacht ge teilt, du er die lez ten wort ge sprochen,
wun den mich ge heilt,

da mei nem haupt das herz ge bro chen, so säum ich nicht, so

gut ich kann, zu stim men sol che Seufzer an.

586. Wem in leidenstagen

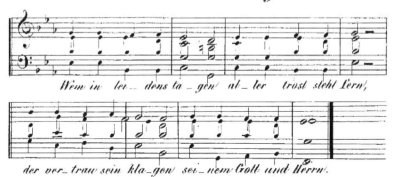

Wem in lei_dens ta_gen al_ler trost steht fern,

der ver_trau sein kla_gen sei_nem Gott und Herrn.

587. Wer sind die vor Gottes trone

Wer sind die vor Got_tes tro_ne, was ist das für ei_ne schar!
Trä_get je_der ei_ne kro_ne, glänzen wie die ster_ne klar!

ha_le_lu_ja sin_gen all, lo_ben Gott mit ho_hem schall.

588. Wie groz ist des Allmächt'gen

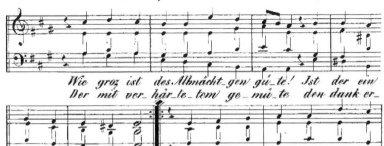

Wie groz ist des Allmächt_gen gü_te! Ist der ein
Der mit ver_här_te_tem ge_mü_te den dank er_

mensch, den sie nicht rürt? Nein, sei_ne lie_be zu er_
stickt, der ihr ge_bürt? Der Herr hat mein noch nie ver_

mezen   sei   e – wig   mei ne   grözte pflicht.
gezen: ver – giz mein herz, auch sei – ner nicht!

589. Wir waren in grozem leid

Wir wa ren in grozem leid in Adam all ge stor – ben:
Wer hat uns die se lig keit bei Gott wi der er wor – ben?

Christus nur al – lei – ne, der sich hie ge opfert hat für Adams

sünd in tod. Hei li – ger Her re Gott, hei li ger starker Gott, heili ger barm –

her zi ger Vater und e wi ger Gott! dank sei dir ge sa get, daz

du aus lau ter gnad für uns hie dei nen Son hast lazen buze

tun und uns wi der stat ten die ver – lor – ne kron.

590. Wir glauben all und bekenen

Wir glauben all und be_kennen frei, daz nach Christi wort diz brot der leib Chris_li sei, der für un_ser sünd und mis_se_tat litt am kreuz den bit_tern tod!

591. Wird das nicht freude sein

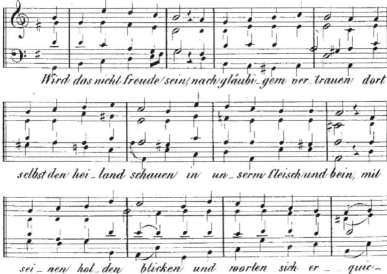

Wird das nicht freude sein, nach gläubi_gem ver_trauen dort selbst den hei_land schauen in un_serm fleisch und bein, mit sei_nen hol_den blicken und worten sich er_quic-

ken? wird das nicht freu_de sein?

592. Wo ist der schönste den ich

Wo ist der schönste, den ich lie _ be? wo ist mein seelen

bräuti _ gam? wo ist mein hirt und auch mein lam, um den ich

mich so sehr be _ trü _ be? Sagt an, ihr wisen und ihr matten,

ob ich ihn bei euch fin den soll? daz ich mich un _ ter

sei_nem schatten kan la _ ben und er _ quicken wol.

593. Wol dem der weit

Ach sagt mir nichts von gold und schätzen, von pracht und
Es kann mich ja kein ding er_get_zen, was mir die

schönheit di_ser welt; Ein je_der lie_be was er will;
welt vor au_gen stellt.

ich lie_be Je_sum der mein zil.

594. Wolauf wolan zum lezten gang

Wol_auf, wo_lan zum lez_ten gang! Kurz ist der weg, die

ruh ist lang; Gott fü_ret ein, Gott fü_ret aus; wol an, hin

aus! zum blei_ben war nicht di_ses haus.

595. Wunderbarer könig

Wunder-ba-rer kö-nig, herscher von uns al-len:
Dei-nes va-ters gü-te hast du lazen trie-fen,

laz dir un-ser lob ge-fal-len. Hilf uns noch, stärck uns doch!
ob wir schon von dir weg lie-fen.

laz die zun-ge sin-gen, laz die stim-men klingen!

596. Zeuch ein zu meinen toren

Zeuch ein zu mei-nen to-ren, sei mei-nes herzen gast,
Der du, da ich ge-bo-ren, mich neu ge-bo-ren hast:

O hoch ge-lieb-ter Geist des Va-ters und des So-nes, mit

bei-den gleiches tro-nes, mit bei-den gleich ge-preist.

597. Zu Gott heben mir

O mensch, betracht wie dich dein Gott aus der mazen ge-

lie-bet hat; daz er sein al-ter-lieb-sten son ge-

sandt hat von seim höchsten tron.

598. Zu diser österlichen zeit

Zu di-ser öster-li-chen zeit lazt faren

al-le trau-rig keit, ihr müh se-lige sün-der:

Gott hat ge-tan groz wun-der. Sprecht im glauben mit

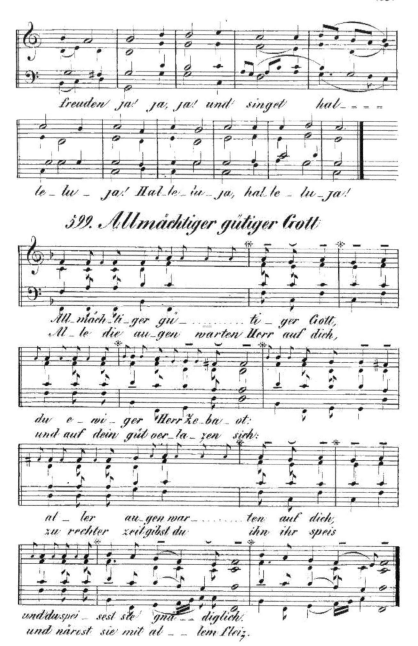

freuden ja! ja, ja! und singet hal = = =

le _ lu _ ja! Hal.le_lu_ja, hal.le _ lu_ja!

399. Allmächtiger gütiger Gott

All_mäch_ti_ger gü_.........ti _ ger Gott,
Al_le die au_gen warten Herr auf dich,

du e _ wi _ ger Herr Ze_ba _ ot:
und auf dein güt ver_la_ ßen sich:

al _ ler au_gen war_.........ten auf dich;
zu rechter zeit gibst du ihn ihr speis

und du spei _ sest sie! gnä _ _ diglich!
und närest sie mit al _ _ lem fleiß.

600. Stabat mater

Sta_bat ma_ter do_lo_ro_sa jux_ta crucem la_cry_mo_sa
Cu_jus a ni_mam gementem contri_sta_tam et do_len_tem

dum pende_bat fi_li_us: O quam tris_tis et af_flic_ta
pertran_si_vit gla_di_us. Quae moere_bat et do_le_bat,

tu_it il_la be_ne_dic_ta mater uni_ge_ni_ti,
pi_a mater, dum vi_de_bat nati poenas in_cly_te.

Quis est ho_mo qui non_fle_ret, matrem Christi si vi_de_ret
Quis non posset con_tri_sta_ri, pi_am matrem contempla_ri

in tan_to sup_pli_ci_o? Pro pec_ca_tis su_ae gentis
do_len_tem cum fi_li_o? Vi_dit su_um dulcem na_tum

vi_dit Je_sum in tor_mentis et fla_gel_lis sub_di_tum:
mo_ri_en_tem de_so_la_tum, dum e_mi_sit spi_ri_tum.

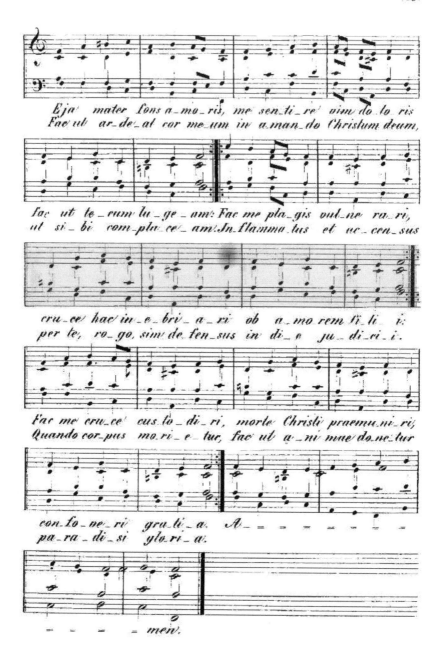

Eja mater fons a_mo_ris, me sen_ti_re vim do_lo_ris
Fac ut ar_de_at cor me_um in a_man_do Christum deum,

fac ut te_cum lu_ge_am: Fac me pla_gis vul_ne_ra_ri,
ut si_bi com_pla_ce_am.In_flamma_tus et ac_cen_sus

cru_ce hac in_e_bri_a_ri ob a_mo rem fi_li_i;
per te, ro_go, sim de_fen_sus in di_e ju_di_ci_i.

Fac me cru_ce cus_to_di_ri, morte Christi praemu_ni_ri;
Quando cor_pus mo_ri_e_tur, fac ut a_ni_mae do_ne_tur

con_fo_ve_ri gra_ti_a. A_ _ _ _ _ _ _
pa_ra_di_si glo_ri_a.

_ _ _ _ _ men.

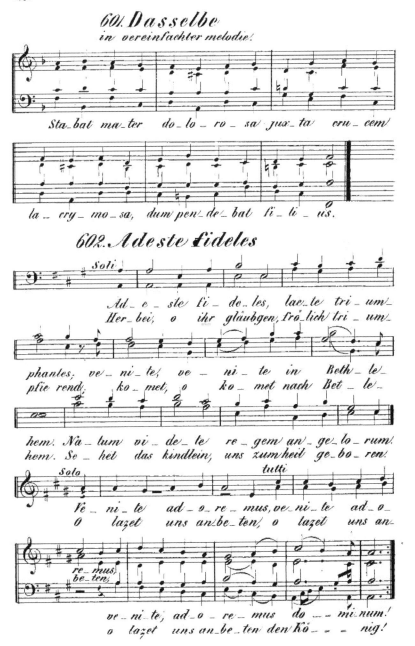

601. Dasselbe
in vereinfachter melodie.

Sta_bat ma_ter do_lo_ro_sa jux_ta cru_cem la_cry_mo_sa, dum pen_de_bat fi_li_us.

602. Adeste fideles

Soli.

Ad_e_ste fi_de_les, lae_te tri_um_
Her_bei, o ihr gläubgen, frö_lich tri_um_

phantes; ve_ni_te, ve_ni_te in Beth_le_
pfie rend; ko_met, o ko_met nach Bet_le_

hem. Na_tum vi_de_te re_gem an_ge_lo_rum.
hem. Se_het das kindlein, uns zum heil ge_bo_ren.

Solo   tutti

Ve_ni_te ad_o_re_mus, ve_ni_te ad_o_
O lazet uns an_be_ten, o lazet uns an_

re_mus,   ve_ni_te, ad_o_re_mus do___mi_num!
be_ten,   o lazet uns an_be_ten den Kö____nig!

das sind

Weisen die des kirchlichen geprä-
ges durchaus entbehren.

603. Eins ist not

Eins ist not: ach Herr, diz eine lehre mich erkennen doch!
Alles andre, wies auch scheine, ist ja nur ein schweres joch

dar_unter das her_ze sich na_get und pla_get und

den noch kein wares ver_gnügen er_ja_get. Er_lang ich diz

ei_ne, das alles er_sezt, so werd ich mit einem in allem ergezt.

604. Es glänzet der Christen

Es glänzet der Christen inwendi_ges le_ben, ob
Was ih_nen der kö_nig des hi_mels ge_ge_ben, ist

gleich sie von außen die sonne ver_brant. Was niemand ver_
kei_nem als ih_nen nur sel_ber be_kant.

spü_ret, was nie_mandbe rü_ret, hat ih_re er_leuchte_ten
sin_ne ge_zie_ret und sie zu der göll_li_chen würde ge_füret.

605. Fride ach fride

Fri _ de, ach fri _ de, ach götl_li _ cher fri_de, vom
Wël _ cher der fromen herz, sinn und ge _ mü _ te in

Va _ ter durch Christum im hei_li _ gen Geist, den
Chris_to zum e _ wi _ gen le ben auf _ schleuzt;

sol_ten die gläubi _ gen see_len em_pfan_gen, die

al _ les ver_läugnen und Je _ su an _ hangen.

606. Jesu hilf sigen du fürste

Je - su, hilf si - gen, du fürste des le - bens! Sih wie die
Wie sie ihr höl - li - sches heer nicht ver - ge - bens mächtig auf -

fin - ster - nis dringet her - ein, Satan der sin - net auf al - ler - hand
fü - ret, mir schädlich zu sein.

rän - ke, wie er mich sichte, ver - stö - re und krän - ke!

607. Ihr kinder des Höchsten

Ihr kinder des Höchsten, wie stehts um die lie - be!
Wie folgt man dem wa - ren ver - ei - nig - ungs trie - be!

bleibt ihr auch im bun - de der ei - nig - keit stehn!
ist kei - ne zer - trennung der geister ge - schehn!

Der va - ter im hi - mel kann her - zen er - ken - nen:
wir dürfen uns brü - der on lie - be nicht nen - nen!

die flamme des höchsten muz lich ter loh brennen.

Var.

die flamme des höchsten muz lichter loh brennen.

608. O ursprung des lebens

Urspr: O fröliche stunden.

O ursprung des le bens, o e wi ges licht, da

nie mand ver ge bens sucht, was ihm ge bricht, le bendi ge

quelle, so lau ter und hell te sich aus seinem hei li gen

tempel er giezt und in die be gi ri gen seelen einfliezt.

O Sanctissima.

609. O du fröliche

O du frö-li - che, o du se-li-ge,

gnu-den brin-gen-de weihnachts zeit. Welt gieng ver-

lo-ren, Christ ist ge-bo-ren: freu - e

freu-e dich, o Christen - heit.

610. Wie mit grimmgen unverstand

Wie mit grimgen unver-stand wollen sich be-we-gen!

Nir-gends rettung, nirgends land vor des sturmwinds schlägen!

Ei_ner ist der in der nacht, ei_ner ist der uns be_wacht;

Christ Kÿ_ri_e! kom zu uns auf die see.

611. Wenn ich Ihn nur habe

Weñ ich Ihn nur ha_be, weñ Er mein nur ist;

weñ mein herz bis hin zum gra_be, sei_ne treue nie ver_

gizt: weiz ich nichts von lei_de; fü_le nichts als

an_dacht, lieb und Freu_ _ de.

612. Herr ich lieb dich

Herr, ich lieb dich; Herr, ich lieb dich: ach von herzen lieb ich dich!

Laz mich nicht von dir ab_men _ den, noch von falscher lieb verblen _ den!

Eit_ ler lieb will mich entschla _ gen, daz aus herzens grund han sagen:

Herr, ich lieb dich; Herr, ich lieb dich; ach von her_zen lieb ich dich!

613. Jesu wie heilig

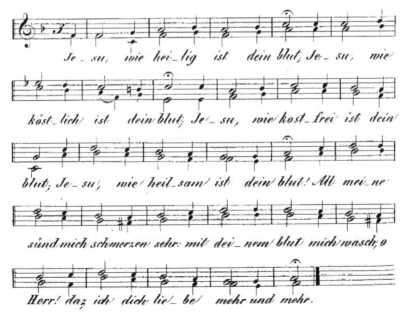

Je _ su, wie hei_lig ist dein blut; Je _ su, wie

köst_lich ist dein blut; Je _ su, wie köst_ frei ist dein

blut; Je _ su, wie heil_sam ist dein blut! All mei_ne

sünd mich schmerzen sehr: mit dei _ nem blut mich wasch, o

Herr! daz ich dich lie_ be mehr und mehr.

Register.

386

Versmase.

Bei bezeichnung der versmaʒe bedeutet die erste ziffer die anzal der zeilen einer strofe, die darauf folgenden buchstaben deuten den rhythmus an: —j. jambisch; —t. trochäisch; —d. dactylisch; —jtd. jambisch-trochäisch-dactylisch; die hieran sich reihenden ziffern bedeuten die sylben der einzelnen verszeilen. Wenn zwischen solchen ziffern ein senkrechter strich steht, so bezeichnet er, daʒ die vorangehende zalenreihe sich widerholt, also 76 | s. v. a. 7676.

1

2

1*

8

u

398

Register.

II*

12

14

III

18

407

KERN

DES DEUTSCHEN

KIRCHENGESANGS

ZUM GEBRAUCH

EVANGELISCH-LUTHERISCHER

GEMEINDEN UND FAMILIEN

HERAUSGEGEBEN

VON

,

DR. FRIDRICH LAYRIZ.

DRITTE UMGEARBEITETE UND SEHR VERMEHRTE AUFLAGE.

NOERDLINGEN

DRUCK UND VERLAG DER C. H. BECK'SCHEN BUCHHANDLUNG.

1 8 5 5.

KERN

DES DEUTSCHEN

KIRCHENGESANGS

ZUM GEBRAUCH

EVANGELISCH-LUTHERISCHER

GEMEINDEN UND FAMILIEN

HERAUSGEGEBEN

VON

DR. FRIDRICH LAYRIZ.

VIERTE ABTEILUNG

CXX LITURGISCHE WEISEN ENTHALTEND.

NOERDLINGEN
DRUCK UND VERLAG DER C. H. BECK'SCHEN BUCHHANDLUNG
1853.

Vorwort.

Die erscheinung diser vierten, die eigentlich liturgischen gesänge enthaltenden abteilung ward schon im vorwort der dritten abteilung in nahe aussicht gestellt; äuzere hindernisse indes, deren beseitigung nicht in den händen des herausgebers lag, liezen dieselbe erst jezt zu stande komen. — Meine absicht bei diser samlung ist keine andere, als aus dem reichen schatze des liturgischen materials der evangelischen Kirche des XVI. jarh. eine geordnete auswal alles dessen darzubieten, wovon auch jezt noch eine widerherstellung zu nutz und fromen evang. luth. gemeinden ebenso möglich als wünschenswert erscheinen dürfte.

Den grundtypus des evang. luth. Hauptgottesdienstes, der sogenannten Communio, bildet bekanntlich die römische Messe mit beseitigung alles des, was dem Evangelium zuwider ist. Hiernach hätte derselbe, wie schon der name besagt, eigentlich mit dem Jntroitus zu beginnen. Jhm geht jedoch in den ältesten luth. kirchenordnungen vilfältig ein Gemeindegesang, das Confiteor und die Absolution voraus. Gewis beginnt auch der gottesdienst, schon um der gemeinde zu ihrer vollständigen versamlung zeit zu gewären, am zweckmäzigsten mit einem liede wie Kom h. Geist Herre Gott . . Liebster Jesu . . Nun jauchz dem Herren . . u. dergl. Als gregor. gesang bietet sich hiefür das Veni S. Spiritus dar (nr 1.). — Disem anfangsliede schliezt sich das Adjutorium nostrum an (nr. 2.). — Ob dann die ursprüngliche aufeinanderfolge von Confiteor, Absolution und Jntroitus beizubehalten, oder lezterer ganz wegzulazen, oder aber dem Confiteor voranzustellen und dises unmittelbar mit dem Kyrie zu verbinden sei, darüber sind neuerdings die meinungen geteilt; die einheit des ganzen scheint mir auf leztgenannte weise am besten gewart. — Daz die gregor. melodien der Jntroiten niemals für eine gemeinde singbar gemacht werden können, darüber sind alle die sie kennen einverstanden. Will man die alten texte beibehalten, so bleibt schwerlich etwas anderes übrig, als sie dem liturgen zu übertragen und der gemeinde bloz das Gloria Patri zuzuweisen; für disen fall gibt nr. 5. ein selbstgefertigtes schema, wornach der liturg disen gesang ausfüren könnte. Soll aber, wie es der alten ordnung gemäzer ist, der Jntroitus gemeindegesang bleiben, so dürfte eine neufertigung der texte unumgänglich sein. Jch habe eine solche in nr. 55—62. nach den acht zum Jntroitus gehörigen psalmtönen versucht zum beliebigen gebrauch und wechsel für die gewönlichen sonntage, nur daz ich den Jntroitus des zweiten tons ausschliezlich für die passionszeit verwendet wünschte. Die intonation diser Jntroiten geschiht am besten vom liturgen, auzerdem vom cantor, dem jedenfalls die intonation des Gloria Patri zusteht. Für die hohen feste bedarf es keiner besondern Jntroiten, da man dieselben in unübertrefflicher weise durch die den gottesdienst eröffnenden kirchenlieder ersetzen kann, wie z. b. an Weihnachten: Der tag der ist... Gelobet seist du... an Neujar: Das alte jar vergangen ist... an Epiphanias: Herr Christ der einig... an Ostern: Christ ist erstanden... Jesus Christus unser... Freu dich du werte... an Himelfart: Christ fur gen himel ... Gen himel aufgefaren ... an Pfingsten: Kom Gott schöpfer... Der heilig Geist hernider kam... an Trinitatis: Der du bist drei in einigkeit... *)

Dem Confiteor, werde es nun vor oder nach dem Jntroitus gestellt, kann ein Versikel vorausgehen (nr. 3.). — Es besteht in einem sündenbekenntnis, das der liturg in gebetsform spricht und die gemeinde ursprünglich sich aneignet durch lautes mitspre-

---

*) Der erste anfang zur einfürung der Jntroiten könnte villeicht damit gemacht werden, daz der liturg nach dem Deus in adjutorium (um einen ton höher genomen) die erste hälfte des Gloria Patri nr. 6. intonierte, worauf die gemeinde mit der andern hälfte: Wie es war im anfang u. s. w. fortfüre.

VI

chen des schluʒes: Wollest dich derhalben über uns erbarmen u. s. w. Wiefern lezteres wider herstellbar sei, gebe ich erfarnerem ermeʒʒen anheim. Wünschenswert schiene mir jedoch, daʒ wenigstens in den anfangsworten des sündenbekenntnisses stäts auf das evangelium, d. h. auf die gottesdienstliche bedeutung, das factum, die idee des tages bezug genomen würde, wie diʒ z. b. in Dieffenbachs evang. Hausagende oft sehr treffend geschiht: nur der schluʒ dürfte unverändert beizubehalten sein, um das mitbeten der gemeinde möglich zu machen. — Dem sündenbekenntnis aber noch eine exhortation (Eröffnet eure herzen etc. oder Demütiget euch etc.) voranzuschicken, halte ich für eben so unnötig, als unzweckmäzig: unnötig, weil, wenn einmal das Confiteor in die liturgie wider aufgenomen worden, die gemeinde onehin weiʒ, was sie jezt tun soll; unzweckmäʒig, weil dadurch der liturg genötigt wird der gemeinde sich zuzukehren, one daʒ er sie doch noch, wie es der liturg. brauch durchweg erfordert, zuvor mit dem üblichen gruʒe angeredet hat. — Das liedweise Confiteor (nr. 4.) halte ich nur für buʒtage anwendbar, wo es dann den Jntroitus mitvertrit; auʒerdem wird es hauptsächlich in den wochengottesdiensten statt der Litanei gebraucht werden können.

Das Kyrie schlieʒt sich an den Jntroitus wie an das Confiteor gleich passend an: ja es kann, namentlich in der form als wechselgesang zwischen liturgen und gemeinde, das Confiteor selbst vertreten, wenn etwa umstände eine abkürzung der liturgie rätlich machen. Daʒ insbesondere die ausgefürteren Kyrie's nr. 11—16. wesentlich das Confiteor in sich enthalten und gar nicht wol anwendbar sind, wenn Confiteor und Absolution eben erst vorausgegangen, ist gewis auʒer frage. Auch sie möchten übrigens am besten zum gebrauch in den wochengottesdiensten sich eignen. — Zum gewönlichen gebrauch empfihlt sich vornämlich das Kyrie nr. 9. oder 19. als antwort der gemeinde auf das Confiteor; oder nr. 7. 14. 16. im anschluʒ an nr. 3. mit wegfall des besondern sündenbekenntnisses.

Das Gloria mit dem Et in terra folgt unmittelbar dem Kyrie. Das Gloria muʒ durchaus gesungen werden: ist der liturg zu allem gesange unfähig, so weise man es der gemeinde zu, wie in nr. 20. Nur in disem falle ist es zweckmäʒig, wenn der liturg den übergang vom Kyrie zum Gloria durch eine kurze exhortation, (die etwa zugleich eine indirecte Absolution enthalten mag) vermittelt. Auʒerdem dünkt mich ein derartiges einschiebsel aus demselben grunde wie beim Confiteor, und weil es die continuität des gesangs störend unterbricht, ganz unstatthaft.

Nun erst wendet sich der liturg zu der gemeinde, grüʒt sie und erhält von ihr den gegengruʒ, fordert sie auf zum gebet und betet (zum altar gewendet) die Collecte, die mit dem Amen erwidert wird, worauf sodann die vorlesung der kirchlichen Pericopen folgt. Ursprünglich wurden dise gesungen; ihre weisen finden sich in Hommels Liturgie: ich halte den gesang dem verständnis für nachteilig, da hier sonntäglich wechselnde texte eintreten würden, deren genaue kenntnis bei der gemeinde schwerlich vorausgesezt werden darf.

Epistel zuerst, dann Evangelium: die vorlesung beider gehört an den altar. Zwischen Epistel und Evangelium hat ein doppeltes Halleluja seine stelle, dem jedoch ursprünglich ein dem Jntroitus änliches gesang, das Graduale, vorausgieng, das später noch zu Prosen oder Sequenzen erweitert wurde. Die widerherstellung diser Gradualien für den gemeindegesang ist bei der schwirigkeit ihrer melodien schlechthin unmöglich. Eben so gewis ist es aber, daʒ es zwischen der Epistel und dem Halleluja in den meisten fällen noch einer vermittlung bedarf, wenn lezteres der gemeinde nicht völlig unverstanden gleichwie in der luft schwebend bedünken soll. Das ratsamste ist zur allerältesten ordnung zurückzukehren, nach welcher hier (nicht Ps. 150. sondern) Ps. 117. zu singen ist (nr. 24); wofür man aber, zur abwechslung und der leichteren singbarkeit willen, sich auch damit begnügen könnte, dem Halleluja einen seiner stellung entsprechenden Versikel voranzustellen wie in nr. 23. — Für die festtage eignet sich villeicht am besten die alte Sequenz: Grates nunc omnes ... (Dank sagen wir alle ...) deren text nur einer geringen modification bedarf, um für alle feste zu passen. — Jn der passionszeit dagegen darf in der kirche überhaupt kein Halleluja ertönen: als ersatz für die alten, nicht widerherstellbaren Tracten bietet die samlung nr. 25. *) — Die stellung des hauptliedes oder überhaupt irgend eines längeren liedes zwischen Epistel und Evangelium ist

*) So beginnt z. b. bei Spangenberg der Tractus für Dom. in Quadrag. mit den worten: Domine, non secundum peccata nostra facias nobis, neque secundum iniquitates nostras retribuas nobis etc.

413

nichts als eine ausgeburt liturgischer verlegenheit und eine zerreizung aller liturgischen ordnung: das hauptlied insbesondere könnte gar keine ungeschicktere stellung erhalten als dise; möge es sie nie wider einnemen dürfen.

Nach der ankündigung des Evangeliums folgt ursprünglich ein Gloria tibi domine (gesungen); nach der lection selbst ein von den ministranten bloz gesprochenes Laus tibi Christe. Ersteres dünckt mich eine überflüzige unterbrechung und seine melodien sind sehr unbefridigend; lezteres ist one melodie. Am passendsten scheint mir die melodie der responsio auf das vespercapitulum (Deo gratias nr. 26, a.) hieher zu verwenden mit dem text: Dank sei dir, o Jesu! wofür, wenn man es vorzieht, auch der text: Ehr sei dir, o Herre! oder: Lob sei dir, o Christe! gesungen werden kann. Auch das: Gott sei gedankt! der wochengottesdienste (nr. 26, b.) scheint nicht ungeeignet, besonders für den fall, daz statt des Evangeliums ein alttest. text verlesen würde. An festtagen wäre nr. 27. brauchbar, dessen ursprüngliche verwendung ich nicht anzugeben weiz. Endlich für den fall, daz in der passionszeit statt der gewönlichen evangelien über abschnitte der leidensgeschichte gepredigt würde, konnte ich mir nicht versagen, die schöne weise des Agne Deus, qui tollis peccata mundi: parce nobis, Domine! unter nr. 28. mitzuteilen.

Es folgt das Credo: in der römischen messe das Credo Nicaenum, das auch vile luth. KO. beibehalten. Die dafür vorhandenen melodien sind aber entweder unbefridigend oder für gemeindegesang unbrauchbar. Der liturg könnte es sprechen, etwa zur auszeichnung der festtage, und die gemeinde mit dreifachem Amen oder dem Gloria Patri (nr. 6.) beantworten lazen; in der regel aber dürfte das Credo apostolicum an seine stelle treten, gesprochen oder gesungen (nr. 89.) oder in liedweiser bearbeitung (nr. 30 31.). Ja den beiden lezten fällen fällt das Canzellied aus, im ersten kann es nicht entfallen werden; geeignet sind dafür hauptsächlich kürzere lieder wie Herr Jesu Christ dich zu uns... Herr öffne mir die herzenstür... O Gott du höchster gnadenhort... Bei der Predigt bedarf es keiner nochmaligen verlesung der eben erst vom altar aus gehörten pericope; sie beginnt am besten mit dem apost. segenswunsche oder einem kurzen freien gebete, nach dessen schluz die zur begrüzung des predigers aufgestandene gemeine sich nidersezt zur anhörung der predigt, an welche die erforderlichen ankündigungen und vermanungen zu besonders begehrten fürbitten, wenn solche vorhanden, sich anreihen. Das Predigtlied (vergl. Kliefoth, die ursp. gottesdienstordn.) findet keine bezzere stellung als eben nach der predigt, so daz die durch die predigt zubereiteten herzen nun entweder den hauptinhalt derselben sich noch einmal selber gegenseitig bezeugen oder die lob- und dankopfer ihrer lippen für das verkündigte wort dem Herrn darbringen. Das Gemeingebet, wie alle liturg. gebete, gehört an den altar (vergl. Höfling: von der composition der christl. gemeindegottesdienste): Vater unser und Votum folgt nur, wenn die versamelte gemeinde bei der abendmalsfeier nicht zugegen bleibt; auzerdem trit sogleich nach dem Gemeingebet orgelspil ein, bis die Communicanten sich um den altar gesamelt haben.

Die Abendmalshandlung beginnt am zweckmäzigsten mit der Exhortation, wenn eine solche überhaupt für nötig erachtet wird. Der nun eintretende gemeindegesang: Schaffe in mir Gott nr. 32. trägt seine überschrift natürlich nicht im römischen sinn, sondern lediglich im hinblick auf Rom. 12, 1. Jhn könnten auch andere gesänge, wie Nun mach uns heilig... Herr J. Chr. du höchstes gut... u. dergl. ersetzen.

Für die Praefation sind zwei hauptformen vorhanden, je nachdem sie die Verba institutionis in sich ein- oder von sich ausschliezt. Erstere form ist die ältere wie in der evang. luth., so in der christl. Kirche überhaupt, däucht mich auch bei weitem die schönste; sie findet sich nr. 33. Leztere dagegen ist die verbreitetere; die Praefation erhält dann die gestalt von pag. 96. und die Einsetzungsworte, deren anfänge p. 40. verzeichnet stehen, werden dann vor oder nach dem Vater unser recitiert. — Es gibt übrigens auch zwei hauptformen der Praefationsmelodie; die feierlichste derselben habe ich in der beilage zu Löhe's Agende, 2. aufl. mitgeteilt, die minder feierliche, aber auch leichter singbare, findet sich in vorligender samlung.

Der Praefation reiht sich das Sanctus an. Die manigfaltigkeit seiner melodien ist sehr groz, auch die deutschen texte weichen in den ältesten luth. KO. manigfaltig von einander ab: einheit und einerleiheit des textes ist aber notwendig, wenn die gemeinde nicht in verwirrung geraten soll, und nur der kirchlich recipierte text der luth. bibelübersetzung kann dabei mazgebend sein; ihm bequämte ich sämtlichen hier mitgeteilten weisen an nr. 34—38. Jhre zal, wenn man die beiden liedweisen bearbeitungen nr. 39. 40. hinzunimt, wird dem kirchlichen bedürfnisse genügen.

An das Vater unser, das die gemeinde mit dem Amen beantwortet, schliezt sich das Agnus Dei nr. 42. 43. 44., wenn die Einsetzungsworte der Praefation einverleibt worden; auzerdem hat sich die einfügung des Agnus Dei hinter die Einsetzungsworte fast zur allgemeinen sitte erhoben, sei es nun daz lezlere vor oder nach dem Vater unser gesprochen werden.

Den schluz unmittelbar vor dem genuz des heil. Abendmals, zugleich die allerwürdigste vorbereitung dazu macht das Pax vobiscum nr. 45.

Den ältesten abendmalsgesang wärend der distribution bildete in der luth. Kirche Psalm 111. (nr. 46); seine weise ist eine modification des ersten psalmtons. Die zu den andern abendmalsliedern gehörigen weisen sind in den früheren abteilungen diser samlung zu suchen.

Nach vollendeter abendmalsspendung betet der liturg nach vorausgegangenem Versikel (nr. 47.) die Postcommunio (nr. 48.) und spricht den Segen (nr. 50.). Ein Benedicamus (nr. 49.) zwischen Postcommunion und Benediction einzuschieben, scheint beinahe überflüzig, da ja eben die Postcommunio den dank schon ausgesprochen hat. Sofern jedoch lezlere zunächst nur den dank für den genuz des sacramentes ausspricht, das Benedicamus aber auf die gesamte gottesdienstfeier bezug nimt, läzt auch seine einschiebung sich rechtfertigen.

Als zum beschluz der abendmalsfeier „nach dem segen" gehörig wird der gesang nr. 52 ausdrücklich im gesangbuche der Böhmischen Brüder bezeichnet. Auch das Nunc dimittis (nr. 51.) trit gewis am schönsten nach der Lüneb. Ag. 1657. an den schluz, wärend frühere liturgien es vor die Postcommunio stellen, welche dann des Versikels entbehrt.

Auch den grundtypus der Wochengottesdienste bilden ursprünglich die römischen grozen Horen: der anschluz an dieselben kann jedoch nur in geringerem maze stattfinden, da die lezleren als Matutin, Laudes, Vesper und Completorium eine vierfache gestalt darbieten, wärend die protest. Kirche nur die Matutin und Vesper kennt, erstere die römische Matutin mit den Laudes, lezlere die Vesper mit dem Completorium in sich vereinigend. War schon die anfängliche ordnung diser wochengottesdienste in der evang. Kirche eine manigfach von einander abweichende, so schritt die allgemeine destruction derselben im laufe der jarhunderte auf deutschem boden vollends soweit fort, daz von anknüpfungspuncten kaum die rede mehr sein kann Dagegen haben sich dieselben in der englisch-bischöflichen Kirche noch fortwärend in sehr gediegener gestalt erhalten: den anschluz an dise form mit berücksichtigung des einst auch in der deutsch-evang. Kirche üblichen hielt ich darum für das ratsamste. Specifisch der englischen liturgie angehörig sind in vorligender samlung nur die Preces oder Suffrages nr. 98. und die herliche schluzcollecte, a prayer oft St. Chrysostom nr. 106. Jch gieng dabei von der ältesten einfachsten form diser gottesdienste aus, wie sich dieselbe in dem Book of Common Prayer bei John Marbeck 1550. findet.

Den anfang macht statt eines Vater unsers gewis auch bei disen gottesdiensten am geeignetsten ein Gemeindelied, der in der röm. und engl. liturgie erst später und in abweichender ordnung gestellte Hymnus. Jhm würde ich in der Matutin ein kurzes Morgengebet folgen lazen, sihe Löhe's agende I. pag. 296 flg.

Hierauf das Domine labia (nr. 73.) und Deus in adjutorium mit Gloria Patri (nr. 74.). Das Halleluja am schluz bleibt wärend der passionszeit weg, oder es kann dafür ein nochmaliges Amen gesungen werden. Zu einer ständigen widerholung des Ps. 95. (Venite exultemus) gehricht es uns sicher an zeit: das kurze Jnvitatorium (Venite adoremus nr. 75.) dürfte genügen. An den festen könnte ihm noch das besondere Jnvitatorium (gesungen im versikelton nr. 71.) vorausgeschickt werden, und zwar

Weihnachten: Christus ist uns geboren; halleluja. Komt etc.
Epiphanias: Christus ist uns erschienen; halleluja. Komt etc.
Ostern: Der Herr ist warhaftig auferstanden; halleluja. Komt etc.
Himelfart: Der König färt gen himel; halleluja. Komt etc.
Pfingsten: Der Geist des Herrn erfüllt den erdkreiz; halleluja. Komt etc.

Wird der nun folgende Psalm nur gesprochen, so muz diz natürlich auch bei dem Jnvitatorium der fall sein. — Die römische liturgie enthält für jeden tag der woche eine besondere auswal von vesperpsalmen, die dann wöchentlich widerkehren (Löhe I. c. p. 78): in den andern Horen benüzt sie das ganze psalmbuch in manigfacher weise. Die englische liturgie läzt den ganzen psalter monatlich einmal durchbeten, so daz in der Vesper fortgefaren wird, wo man in der Matutin stehen blieb, und meist drei psalmen auf jeden einzelnen gottesdienst komen. — Es wäre schon ein grozer gewinn, bildete wenigstens nur Ein psalm einen wesentlichen teil unsrer gebetsgottesdienste. Wird der psalm gesprochen, so wechselt er versweise zwischen liturgen und gemeinde: wird er, was das ursprüngliche und schönere ist, gesungen, so intoniert ihn der liturg oder der cantor, worauf er nach vershältreu zwischen chor und gemeinde wechselnd fortgesezt wird; in beiden fällen wird jeder psalm mit dem Gloria Patri beschlozzen. Wird bloz gesprochen, so könnte füglich wider der ganze psalter durchgebetet werden: soll gesungen werden, so scheint mir vorab eine auswal der kürzeren und am leichtesten singbaren psalmen erforderlich, an deren übung die gemeinde alhmählig erst die fertigkeit des psalmodierens wider erlerne. Unter diser würden vorzugsweise folgende sechs und fünfzig psalmen zu rechnen sein, die sich, wo man tägliche matutinen und vespern hat, auf einen vierwöchentlichen cyclus. one daz man jedoch auf dise verteilung irgend ein besonderes gewicht gelegt haben will, etwa in folgender art anwenden liezen:

Matut.	8.	19.	24.	26.	30.	33.	36.
Vesp.	12.	23.	25.	27.	32.	34.	46.
Matut.	47.	53.	57.	63.	66.	72.	77.
Vesp.	51.	56.	60.	65.	67.	76.	88.
Matut.	84.	86.	91.	93.	96.	98.	100.
Vesp.	85.	90.	92.	95.	97.	99.	103.
Matut.	111.	121.	124.	129.	138.	143.	146.
Vesp.	116.	122.	126.	130.	139.	145.	1.

Weiter schliezt sich nun an die biblische Lection: nach der englischen liturgie eine doppelte, eine alttestamentliche, nach welcher in der matutin das Te Deum, in der vesper das Magnificat, und eine neutestamentliche, nach welcher in der matutin das Benedictus, in der vesper das Nunc dimittis gesungen wird. Die deutsch-evang. Kirche kennt nur Eine lection mit oder one summarie, nach welcher, wie in den römischen horen das Deo gratias, ein Gott sei gedankt gewis nicht unpassend wäre. Darauf könnte in der matutin das Te Deum (nr. 85. oder 86.) oder das Benedictus (nr. 87.), in der vesper das Magnificat (nr. 87) folgen, das Nunc dimittis (nr. 88.) aber vorzugsweise in eigentlichen abendgottesdiensten und in leichengottesdiensten vor dem versikel nr. 110. seine stätte finden. An sonn- und festtagen würden die feierlichen melodien des Benedictus und Magnificat nr. 63—70. in anwendung zu bringen sein.

Jn der engl. liturgie folgt hierauf das Credo apostolicum (nr. 89.). Um nicht die dauer diser gottesdienste übermäzig auszudehnen, dürfte es rätlich sein, dasselbe hinter der bibl. lection mit dem Te Deum, Benedictus und Magnificat abwechseln zu lazen.

Es folgt das Gemeingebet. Die älteste form desselben in der evang. luth. Kirche ist die Litanei (nr. 90. 91.), ursprünglich gesungen von ein paar chorknaben (einstimmig und one begleitung) im wechsel mit der gemeinde, noch schöner im wechsel eines vollstimmigen chors mit der gemeinde, ausfürbar aber auch so, daz sie vom liturgen und der gemeinde alternatim gesprochen wird. Wird sie gesungen, so folgen auf sie nach dem Vater unser noch eine oder mehrere der nr. 100—106. verzeichneten collecten mit ihren versikeln (nr. 99.): wird sie bloz gesprochen, so folgen die nr. 92. 94. 95. verzeichneten collectgesänge mit oder one ihre collecten, nur daz hinter dem lezten gesange die collecte nicht fehlen darf. — Man unterscheidet übrigens zwei formen der Litanei, die längere und die kürzere, und versteht unter lezterer die Litanei mit weglazung der eigentlichen fürbitten, von: Wir armen sünder bitten … bis: Und uns gnädiglich erhören. Bis die gemeinden wider grözere vertrautheit mit diser gebetsform gewonnen, dürfte es ratsam sein, gesangweise nur die kurze Litanei in anwendung zu bringen, den inhalt der weggelazenen fürbitten aber entweder durch ein kürzeres gemeingebet vor der Litanei, oder noch bezzer durch mehrere collecten oder collectgesänge nach dem Vater unser zu ersetzen. — Das Vater unser hinter der Litanei wird in einem, und zwar je nach der stimmlage des liturgen möglichst tiefem tone, also etwa aus c oder f gesprochen. — Welche

II

X

andere gebetsgesänge statt der Litanei gebraucht werden können, ist pag. 82. angegeben.
Auch nr. 93. wollte ich nicht vermissen lazen, weil zeitumstände eintreten könnten und
hie und da bereits schon eingetreten sind, man ihr den vorzug vor nr. 94. einräumen
dürfte.
Die evang. luth. Kirche besizt aber auzer der Litanei auch noch andere nicht in
antiphonctischer form abgefazte Gemeingebete, die es wol wert sind auf immer im kirch-
lichen gebrauch beibehalten zu werden, und zum wechsel mit der Litanei dienen können.
Zu den p. 86. genannten nenne ich nur noch ein drittes: das in der 2. aufl. aus versehen
weggelazene, in der 1. aufl. der Löhe'schen Agende p. 50. und bei Bunsen (Allg. Gesang-
u. Gebetb.) nr. 152. befindliche gebet für die heilige Kirche „O Vater aller barmherzigkeit" etc.
An jedes diser Gemeingebete schliezt sich das in der engl. liturgie unmittelbar
auf das Credo apostolicum folgende Kyrie (nr. 96.) mit dem Vater unser (nr. 97.)
und den Preces (nr. 98.) gleich passend an; und an dise wider reihen sich drei der
nr. 100—106. verzeichneten Collecten, oder wenigstens eine der schluzcollecten (104
—106.), jedoch, wenn die Preces vorausgegangen, one Versikel. *)
Benedicamus und Benediction bilden den ständigen schluz aller diser
gottesdienste. —

Die Liturgie an Königsfesten pag. 115. ist hinsichtlich des psalms, der lectio-
nen und der preces dem Book of Common Prayer entnomen. —
Als schluzgesang bei Leichengottesdiensten Nun danket alle Gott... zu fin-
den, wird niemanden befremden, der Hippels Lebensläufe (2. teil p. 412. ausgabe von
1846) gelesen hat. —
Was endlich die Charfreitags-Vesper betrifft, so ist es uralte kirchliche sitte,
an disem tage die heilige Leidensgeschichte, im zusamenhange oder in ihren hauptab-
schnitten von gesängen unterbrochen, der gemeinde vorzutragen; auch die hier darge-
botenen singstücke, deren texte sich sämtlich im Unverfälschten liedersegen finden, bilden
in ihren lateinischen originalen wesentliche bestandteile der liturgie der stillen woche
und insonderheit der Charfreitagsliturgie. Die hier gegebene anordnung und zusamen-
stellung jedoch rürt lediglich vom herausgeber her. Es versteht sich dabei von selbst,
daz wo die musicalischen kräfte zur ausfürüng diser gesangstücke fehlen, dieselben ganz
oder teilweise auch durch passende liederverse ersezt werden können.

Die quellen sämtlicher in diser samlung enthaltenen weisen zeigt der quellennach-
weis auf. Nur für den üblichen Versikelton, für die Collecten, für das „Gott sei ewig-
lich dank" und für die Benediction weiz ich keine gedruckte quelle anzugeben. Die
römischen melodien sind einfacher, aber musicalisch unbefridigend; die des Deo dicamus
gratiàs sind vil künstlicher. Jch gebe sie nach einer tradition, die wenigstens über die
mitte des vorigen jarhunderts hinaufreicht. Der collectentöne sind hiernach wesentlich
drei, je nachdem die quinte, die terz oder die prim den vorherschenden ton, die soge-
nannte Dominante, bildet. Die in diser samlung ausgefürten collecten sollen nur als
schemata dienen, denen alle anderen collecten nachgebildet werden sollen. Jch bemerke
dabei ausdrücklich, daz jede collecte nach jeder diser melodien gesungen werden kann,
daz weniger musicalisch gebildete liturgen gut tun werden, sich vorzugsweise an eine,
an die ihrer stimmhöhe gerade am besten zusagende diser melodien zu halten, und daz
die melodie mit der quintendominante im allgemeinen die verbreitetste zu sein scheint,
namentlich für die sogenannte collecta pro tempore.

Schliezlich wird es nicht überflüzig sein, noch einige worte über die Psalmodie
hinzuzufügen.
Man hat zwei hauptarten der Psalmtöne zu unterscheiden: die einen haben ihre
stelle in der Messe oder Communio beim Jntroitus (und Graduale); die andern werden in
den Horen oder Nebengottesdiensten gebraucht. Von lezteren gibt es wider eine solenne,

---

*) Jn eigentlichen Abendgottesdiensten würde ich, mit weglazung des Gemeingebets, auf die Preces ein
Abendgebet, (sihe Löhe I. p. 301 flg.) und Abendlied folgen lazen; dafür aber zum Eingangslied
nur einen kurzen gesang wälen, wie Der du bist drei . . . und dergl.

festive, feierliche melodie, wornach in der evang. Kirche nur noch das Magnificat und Benedictus an sonn- und festtagen gesungen werden, und eine feriale für den gewönlichen psalmengesang. Der ursprung diser gesangart ist uralt und reicht wol bis an das Davidische zeitalter hinauf; die jezt noch üblichen weisen aber, obwol in ihrem grundcharacter allerwärts übereinstimmend, haben jedoch im einzelnen eine unzal von abweichungen. Vergleicht man die antiphonarien der einen oder andern römisch-catholischen dioecesen, die psalmodie des Lossius, die Pfalznb. KO., die englischen liturgien von John Marbeck oder Edward Lowe u. s. w. so findet man auch nicht unter zweien völligen einklang. Es ist diʒ wol zu erklären aus dem allgemeinen verfall, in welchen der gregor. kirchengesang seit der mitte des XIII. jarh. mehr und mehr geraten war und der zulezt gegen ende des XVI. jarh. der römischen Kirche selbst die notwendigkeit einer durchgreifenden revision und correctur der den gregor. gesang enthaltenden bücher erkennen lieʒ, eine aufgabe, welche Giovanni Guidetti, Palestrina's schüler, durch sein im jare 1581 vollendetes und von Palestrina selbst geprüftes Directorium chori löste. Die hierin enthaltenen melodienformen gelten seitdem in der cathol. Kirche als die normalen; sie sind auch in die vorligende samlung aufgenomen, nur daʒ man, wie diʒ in den luth. KO. immer geschah, für jede melodie es bei einer einzigen schluʒcadenz belieʒ.

Sämtliche psalmtöne bestehen aus zwei vershälften: das colon (:) trennt beide glider. Die erste hälfte wird von einem chore, am besten vierstimmig und one begleitung, die zweite einstimmig von der gemeinde mit orgelbegleitung gesungen. Fehlt der chor, so könnte der psalm, dann aber wol nicht nach vershälften, sondern beʒʒer nach ganzen versen wechselnd, auch vom liturgen (one begleitung) und der gemeinde (mit orgelbegleitung) oder auch nach intonation des ersten verses von seiten des liturgen oder des cantors, ganz von der gemeinde gesungen werden.

Auch längere psalmverse scheiden sich nur in zwei haupthälften; jede derselben kann aber wider in zwei, höchstens drei unterglider zerfallen, die etwa musikalisch durch ein semicolon zu bezeichnen wären Bei disen unterabteilungen bleibt die melodie in demselben ton, und es trit bloʒ in der begleitung bei der vorlezten betonten sylbe ein harmonischer wechsel ein, wie bei „und dem Son" im Gloria der nr. 55—62. verzeichneten Jntroiten. — Sind dagegen psalmverse so kurz, daʒ sie nicht füglich in zwei hälften sich scheiden laʒen: so werden zwei verse in einen zusamengezogen, entweder so, daʒ dann der erste vers als erstes glid, der zweite als zweites gilt, z. b. Luc. 1, 46. 47 und 2, 30. 31.

Meine seel erhebt den Herren:
und mein geist freuet sich u. s. w.
Denn meine augen haben deinen heiland gesehn:
den du bereitet hast vor allen völkern.

oder so, daʒ der erste vers als unterglid der ersten vershälfte betrachtet wird, wie z. b. der anfang von psalm 130.

Aus der tiefen ruf ich, Herr, zu dir; Herr, höre meine stimme:
laʒ deine oren merken auf die stimme u. s. w.

Der anfang der ersten hälfte, bis die melodie den herschenden ton erreicht, heiʒt Jntonation, die herschende note selbst Dominante oder Repercussionsnote; der schluʒ der ersten hälfte, wo die veränderung des tons eintrit, wird Mediation genannt; der schluʒ endlich der zweiten vershälfte wird als Differenz oder Schluʒcadenz bezeichnet.

Eine besondere aufmerksamkeit ist auf die anfangssylbe der mediation und der schluʒcadenz zu richten. Jst der ausgang der zeile ein weiblicher (ein spondeus oder trochaeus, wie „heiland", „hirte"), so trit die mediation beim 1. 3. 4. 6. und 7. ton auf der vorlezten, beim 2. 5. und 8. ton auf der lezten betonten sylbe ein; die schluʒcadenz dagegen trit überall auf der vorlezten, nur im 4. tone auf der drittlezten betonten sylbe ein. Folgen auf die vorlezte betonte sylbe zwei kurze sylben, so wird die auf sie treffende vorlezte unbetonte note unter sie geteilt. — Jst dagegen der ausgang der zeile ein männlicher (ein amphimacer oder choriambus, wie „immerdar", „und dem Son", „erlöset sein volk"): so wird bei der auszälung die lezte sylbe nicht in anschlag gebracht, sondern bei der mediation der lezte ton noch einmal widerholt, nur beim dritten ton unterbleibt disc widerholung, dafür aber werden die auf die lezte betonte sylbe komenden gebundenen noten aufgelöst; bei der schluʒcadenz trit dise auflösung oder teilung der auf die lezte betonte sylbe treffenden note überall ein. — Der neunte ton hat hinsichtlich der mediation die eigentümlichkeit, daʒ bei männlichen ausgängen die lezte sylbe mit in anschlag komen muz, und, diz vorausgeszt, die mediation immer auf die vorlezte betonte sylbe fällt, indem bei männlichen ausgängen die beiden lezten noten auf die lezte sylbe zusamengeschleift werden. — Dise regeln gelten zunächst für die ferialen psalmtöne nr. 76—84. 87., mit deren erlernung und einübung jedenfalls der anfang gemacht werden muz. Für die feierlichen melodien nr. 63—70. sind einige modificationen erforderlich, die sich dem sänger, der überhaupt im psalmodieren wider einige übung erlangt hat, indes ganz von selbst aus dem anblick der dortigen notenschrift ergeben werden.

Der gesang der Jntonation und der Schluzcadenz geschiht in einem getragenerem tempo; der gesang der repercussionsnote dagegen ist ein je nach dem inhalt der textesworte mehr oder weniger rascher, recitativmäziger, ein mäzig langsames sprechen, eben so wie die versikel (nr. 2. 3. 23. 47. 71. 73. 99.) gesungen werden müzen. Läzt sich der gesang auch nicht immer genau auf ein regelmäziges tactmaz zurückfüren, so muz doch thesis und arsis stäts fülbar bleiben. Als beispile dafür können die nr. 55—62. ausgefürten Jntroiten gelten, deren gesang auf der repercussionsnote gleichfalls ein zimlich rascher sein muz.

Jn der römischen liturgie wird psalm 114. ausschliezlich im 9. ton gesungen, jeder andere psalm kann möglicher weise in jedem der acht töne gesungen werden; es hängt diz lediglich ab von der melodie der vorausgehenden Antiphona. Die evang. liturgie hat dise antiphonen nicht: die wal der melodie ist mithin dem liturgen oder cantor anheimgegeben. Es hat dabei teils der inhalt des psalms, teils der stand des kirchenjars, teils die art der gottesdienstlichen feier in betracht zu komen. Schon Adam von Fulda (um 1490) bezeichnet die eigentümlichkeit der acht kirchentöne in folgenden versen:

Omnibus est primus, sed et alter tristibus aptus:
Tertius iratus, quartus dicitur fieri blandus,
Quintum da lactis, sextum pietate probatis,
Septimus est juvenum, sed postremus sapientum.

Was insbesondere die psalmtöne betrifft, könnte man sie villeicht kürzlich so characterisieren:

1. männlich ernst, mutig, vest, würdevoll.
2. tief ernst, traurig, schmerzerfüllt.
3. erregt, ängstlich klagend, inständig flehend.
4. wehmütig, getrost, lobpreisend.
5. heiter, fro, kün, beherzt.
6. ruhig, ergebungsvoll, gottvertrauend.
7. jubelnd, triumplicrend, erhaben majestätisch.
8. anmutig, lieblich, omni negotio conveniens, wie Bona sagt.

Diser achte ton ist sonach der am öftesten anwendbare, auch der am öftesten angewendete; mit seiner einübung dürfte am füglichsten der anfang zu machen sein, um zu erproben, ob und wie weit die psalmodie in unsere gottesdienstliche feier zurückgefürt werden könne, woran ich nicht zweifle, obgleich ich bis jezt erfarungen auf disem gebiete zu machen noch keine gelegenheit gehabt habe. Daz man übrigens keine ursache habe, an der lernfähigkeit unserer gemeinden so schnell zu verzagen, haben die bisherigen versuche mit einübung des rhythmischen gesangs genugsam an den tag gelegt. Es gilt auch hier: Dimidium facti, qui coepit, habet: sapere aude.

Vermehre nur der HErr immer reichlicher seiner gemeinde die warhaft betenden herzen: am singenden munde wird es dann gewislich nicht fehlen. JHM der da überschwänglich tun kann über alles, das wir bitten oder verstehen, sei ehre in der gemeine, die in Christo Jesu ist, zu aller zeit, von ewigkeit zu ewigkeit. Amen.

Schwaningen in Mittelfranken
im aug. 1854.

Dr. Fridr. Layriz.

Zur Communio.

1. Veni Sancte Spiritus

Kom heiliger Geist!

Erfüll die herzen deiner glaubigen

und entzünd in ihnen das feuer deiner göttlichen

liebe, der du durch manigfaltigkeit der zungen die völker der

ganzen welt versamlet hast in einigkeit des glau _ _

bens. Hal _ le _ lu _ ja, hal _ le _ lu _ ja.

2. Adjutorium.

Un _ se _ re hül _ fe ste _ het im na _ men des Herrn:

Der hi _ mel und er _ de ge _ macht hat.

3. Zum Confiteor.

Ich sprach: ich will dem Herrn meine ü _ ber _ tre _ tung be _ ken _ nen:

Da ver _ gabst du mir die mis _ se _ tat mei _ ner sün _ de.

4. Confiteor.

Auch anstatt der litanei

Nim von uns Her _ re Gott all un _ ser sünd und mis _ se _

tat auf daz wir mit rechtem glauben und reinem her _ zen in

der _ _ nen dienst erlan den werden.

Er _ barm
Er _ hör

dich, er_barm dich, er _ bar _ me dich dei _ nes
uns, er _ hör uns, er _ hö _ re uns un _ ser

volks, o Christe, das du er_ lö _ set hast mit dei _ _ _ nem
bitt, Gott fa_ ter schöpfer al _ ler ding: hilf du
„ o Christe al_ ler welt hei_ land: bitt für
„ Gott heilger Geist du ei _ ni_ ger trö_ ster: er_ leuch_ _ te

leuer_ ba_ rem blu_ te. So war ich le _ be,
uns, und sei uns gna_ dig.

spricht Gott der Her_ re ich will nicht den tod des sün _ ders,

sondern daz er sich be_ keh_ re und le_ be.

5. Introitus.

6. Gloria Patri

7. Kyrie I.

Ky - ri - e e - lei - son.

Herr, er - bar - me dich!

Chri - ste e - lei - son.

Chri - ste, er - bar - me dich!

Ky - ri - e e - lei - son.

Herr, er - barm dich ü - ber uns.

8. a. Gloria

Eh - re sei Gott in der hö - he!

8. b. Et in terra I.

Und auf er - den frid, den menschen ein wol - ge - fal - len!

Wir lo - ben dich, wir be - ten dich an; wir preisen dich, wir

sa_gen dir dank um dei_ner grozen eh_re wit_ten. Herr Gott,

him_li_scher kö_nig! Gott, all_mächti_ger Va_ter! Herr, ein_ge_

bor_ner Son, Je_su Chri_ste, du al_ler höch_ster! und du, hei_
Va_ter und du, hei_liger Geist!

li_ger Geist! Herr Gott, lam Gottes, ein son des Va_ters,

der du trägst die sünd der welt er_barm dich un_ser! Der du

trägst die sünd der welt nim an un_ser_ge bet! Der du sitzest

9. Kyrie II.

10. Gloria mit Et in terra II.

Eh _ re sei Gott in der hö _ he!

Auf er_ den frid, den menschen ein wolge _ fal _ len, Wir

lo _ ben dich wir be _ ten dich an, wir ehrn und preisen dich. Wir

danken dir du höchster Gott um deiner göttlichen eh _ re wil _ len. All

mächti _ ger Herr Gott Vater, him li _ scher kö _ nig! Herr Gott, du einge-

borner Son, Je su Christe! Herr Gott, du Gotteslam, des Va _ ters Son,

der du trägst die sünd der welt: er _ barm dich un _ ser O Je _ su

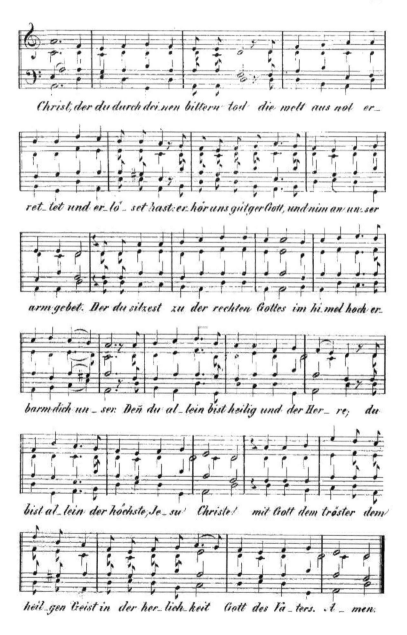

Christ, der du durch deinen bittern tod die welt aus not er-

ret-tet und er-lö-set hast, er hör uns gütger Gott, und nim an unser

arm gebet. Der du sitzest zu der rechten Gottes im himel hoch er-

barm dich un — ser. Den du al-lein bist heilig und der Her- re; du

bist al-lein der höchste; Je- su Christe! mit Gott dem tröster dem

heil-gen Geist in der her-lich-keit Gott des Va-ters. A — men.

11. Kyrie auf. Advent.

O mil-der Gott, allerhöchter hort, wir ru .fen zu' dir in'

unsrer not: erbarm dich unser! O Christe, Gol-tes Son, der kirche

haupt, freud, ehr und kron, und frei offner heilsbruñ: erbarm dich unser!

Hei-li-ger Geist, der kir-chen tröster, du al-ler bester meister,

ver-neu-rer und re-gie-rer: er-barm dich un-ser!

12. Weihnachts Kyrie.

Kyrie magnae deus potentiae

O Va-ter der barmherzigkeit, wir bil-ten dich mit innig-keit:
O Va-ter, allmächti-ger Gott! zu dir schreien wir in der not:

du wol lest dich er bar men der schwachen und ar men.
durch dein groz barmherzigkeit er barm dich ü — ber uns!

Christe, al ter welt heiland:hilf al ten die dich han er kant,
O Christ! wollst uns er hö — ren, für uns bist du mensch ge bo — ren

daz sie in dir zu ne men für und für: O hei li —
von Ma ri a: er barm dich ü — ber uns! O heil ger

ger Geist wa rer Gott: sih heut an der gläu hi gen not
Geist wollst uns ge ben, dich all zeit........herzlich lie — ben

und erleucht durch dei ne güt der ir ren den ge müt.
und nach dein wil len stre ben: er barm dich ü — ber uns!

Gloria.

Eh re sei Gott in der hö — — — he!

2*

13. Oster-Kyrie 1.

O Her-re Gott Vater in ewig-keit: bis uns sündern gnä-dig.

Chri — ste, al-ler welt heiland und ihr trost: mach uns al-

le von sünden los. O Gott hei-li-ger Geist teil uns mit weisheit,

lieb und glauben al-ler-meist, gib gött-lich ge-rech-tig-keit.

14. Oster-Kyrie II.

Ky — ri-e! Gott al-ler welt schöpfer und

va-ter: e-le-i-son! Chri — ste, war Gott und

mensch ge_born, der du für uns trugst Got_tes zorn: e_

le _ i _ son. Ky _ _ _ ri _ e hei _ li _ ger Geist, mit

Va_ter und Son Ein Gott, e_ le _ i _ son. ky _ _

ri _ e.! hilf uns daz wir in sol_chem glauben rein dich an_be_

ten al _ lein, und blei_ben die die_ner dein: e_ le _ i _ son.

Gloria.

Eh _ re sei Gott in der hö _ he!

15. Kyrie Summum I.

Kyrie fons bonitatis

O Va _ ter der barmherzig keit, bronn aller gü tig keit:

laz heut dei ne gnad zu uns flie ßen und uns der ge _ nie _ ßen!

Chri _ ste Got tes Son, der du von dem höchsten tron ge,

sandt in di se welt bist ko _ men; uns al len zu fro men:

kom auch in unser herz und sin nen, und wone dar in _ nen.

O hei _ li ger Geist, warer Gott sei un ser trost in

al _ ter not, mach unser seel ge _ sund, daz wir wirk _ lich/

und aus her _ zens _ grund lie _ ben den neu _ en   bund.

16. Kyrie Summum II.

Ky _ ri _ e Gott Va _ ter in e _ wig keit: groz ist dein barm _

her _ zig _ keit. Al _ ler ding ein schöpfer und re _ gie _ rer: e _ le _ i _

son, e _ le _ i _ son.   Chri _ _ ste, al _ ler welt trost uns sün

der al _ lein du hast er _ lost. O _ _ Je _ su, Got _ tes Son:

434

bis unser mittler in dem höchsten tron. Zu dir schreien

wir aus her _ zens be _ gir: e _ le _ i _ son, e _ le _ i _ son.

Ky _ ri _ e Gott hei _ li _ ger Geist! tröst, stärk uns im glauben

al _ ler meist; daz wir am lez ten end frö_ lich abscheiden' aus

di _ sem e _ lend: e _ le _ i _ son, e _ le _ i _ son.

Gloria.

Eh _ re sei Gott in der hö _ _ _ he!

17. Et in terra: liedweise I.

Al _ lein Gott in' der höh' sei ehr und dankfür sei_ ne
Da _ rum daz nun und nimmer mehr uns rü_ ren kan kein'

gna_ _ _ de, Ein wol ge fulln Gott an uns hat, nun ist groz
scha_ _ de.

frid on un-ter laz, all fehd hat nun ein en_ _ de.

18. Et in terra: liedweise II.

All ehr und lob soll Gottes sein, er ist und heizt der

höchst allein, sein zorn auf erden hab ein end, sein

frid und gnad sich zu uns wend: den menschen das ge fal le

wol, da-für man herzlich dan - ken soll.

Kyrie mit Gloria

Ky-ri-e e-le-i-son. Christe e-le-i-
oder: Her-re Gott er-bar-me dich. Christe er-bar-me

Lit: der allmächt.
barmh. Gott u. s. w.
lobsinget ihm, lobs.
seinem namen.

son. Ky-ri-e e-le-i--son.
dich. Herr er-barm dich ü-ber uns.

Eh-re sei Gott in der hö--he! Und auf erden

u. s. w. sihe p. 8.

frid, den menschen ein wolge-fal-len.
oder: ✳

u. s. w.
sihe p. 8.

Und auf er-den frid u. s. w.
oder ✳✳ das: Ehre sei Gott in der höhe! widerholt.

Leztere form empfihlt sich für die erste einfürung oder wenn
wegen kürze der zeit der lobgesang weggelazen werden
muz. — Das Gloria kann natürlich auch vom liturgen in-
toniert werden.

21. Dominus vobiscum

Der Herr sei mit euch!

Und mit dei-nem geist!

22. Collecte

Lazt uns be-ten: O all-mächti-ger Gott und Va-ter!

wir bit-ten dich, gib dei-ner ge-mei-ne dei-nen Geist und

gött-li-che weisheit, daz dein wort unter uns lau-fe und wachse,

und mit al-ter freudig-keit wie sichs ge-bürt ge-pre-di-get,

und dei-ne hei-li-ge christliche ge-meine da-durch gebezert werde:

auf daz wir mit be-stän-di-gem glauben dir die-nen,

und im be-kenntnis deines na-mensbis ans en-de ver-har-ren.

Durch Je-sum Christum dei-nen Son, uu-sern Her-ren.

A - - men.

Zur Epistel.

a Versikel mit halleluja. 23.

Hei-li — ge uns Herr in dei-ner warheit: dein wort
oder: Herr dein wort ist mei-nes fu-zes leuch-te: u. ein licht auf

ist die warheit. Hal-le-lu-ja, Hal-le — lu-ja.
mei-nen we-gen.

oder b. Psalm CXFII. 24.

Lo-bet den Her-ren al-le hei — den, preiset Jhn al-le

völ — ker. Denn sei-ne gna-de und warheit waltet ü-ber

uns in ewig — keit. Halle-lu-ja, hal-le-lu-ja!

c.für die passionszeit 25.

Gott sei uns gnä-dig nach deiner gü-te: und til-ge

unsre sün-den nach deiner grozen barmherzig _ _ keit.

Zum Evangelium.

a.   26.   oder b.

Dank'sei dir, o Je_su. A_men.   Gott sei gedankt.

oder c.   27.

Christum, unsern hei_land, e_wi_gen Gott, Ma_ri_ae son,

prei_sen wir in   e_wigkeit. A_ _ _ _ _ _ = men.

d. zu passionslectionen.   28.

O lamm Got_tes, der du trägst die sünd der welt:

gib uns dei_nen   fri_ _ _ = den.

Credo

a.

Litury und Gemeine sprechen das Credo zusamen.

b.

Der Liturg spricht das Credo, die Gemeine antwortet:

29.

A – men, a – men, a – men.

c. liedweise I.

Lit. Gott dem ewigen u. s. w. I. Tim: 1, 17.

oder mit intonation

30.

Ich glaub an Ei – nen Gott!

WIR glau – ben all an Ei-nen Gott, schöpfer

oder abgekürzt:

Wir glauben all an Einen Gott.

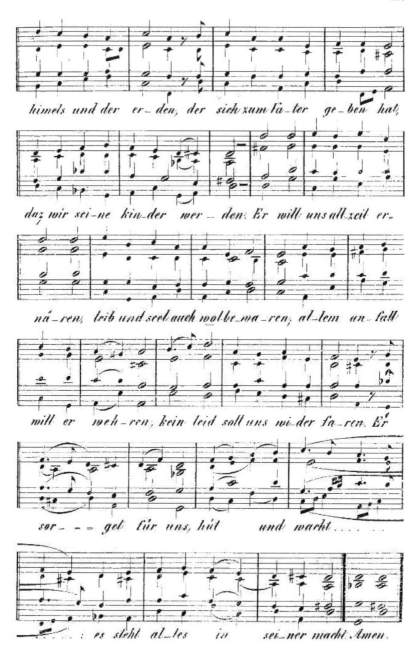

himels und der er–den, der sich zum Va–ter ge–ben hat,

daz wir sei–ne kin–der wer – den. Er will uns all zeit er–

nä–ren, leib und seel auch wol be–wa–ren, at–lem un–fall

will er weh–ren, kein leid soll uns wi–der fa–ren. Er

sor – – get für uns, hüt und wacht

: es steht al–les in sei–ner macht. Amen.

d. liedweise II.

31.

Jeh glaub an Einen Gott!

Wir glauben all an einen Gott, Vater, Son, hei-li-gen Geist,

der uns hilft in al-ler not, den die schar der engel preist,

der durch sei-ne gro-ze kraft al-les wirket tut und schafft.

Canzellied.

Herr Jesu Christ dich zu uns wend u. dergl.

(Fällt weg, wenn das Credo liedweise gesungen worden)

Predigt mit Predigtlied.

Gemeingebet. Vater unser. Votum:

Der Fride Gottes u. s. w.

Hierauf orgelspil bis sich die Communicanten um den altar gesamelt haben.

Exhortation.

Ihr allerliebsten in Gott! diemeil mir jetzo das gnaden-
reiche abendmal unsers lieben Herrn Jesu Christi zu hal-
ten und zu empfahen versamelt sind, darin uns sein
fleisch zu einer speise und sein blut zu einem tranke ge-
geben wird, auf daz mir in ihm bleiben und er in uns,
und mit ihm ewiglich leben: so wollen mir Gott den Väter im
namen Jesu Christi anrufen u. von grund des herzen also beten:
    Allm. Gott, himl. vater, sintemal mir dir ete:
      siehe Löhe's agende I p. 329. oder
    Herr Gott himl. Vater etc. ibid. p. 337.

32. Offertorium.

Schaffe in mir Gott ein rei-nes her-ze, und gib mir
[Trö-ste mich wi-der mit dei-ner hil-fe, und er der

ei-nen neu-en ge-wis-sen geist. Ver-wirf mich
freu-di-ge Geist enthal-te mich. Wa-sche mich

nicht, verwirf mich nicht von deinem ange-sicht von dei-nem ange-
wol, wa-sche mich wol von meiner mis-se-tat, von meiner mis-se-

sicht, und nim dei-nen hei-li-gen Geist nicht von mir.
tat und rei-ni-ge mich von mei-ner sün-de.

33. Praefation.

Dominus vobiscum

a.

b. Der Herr sei mit euch!

Der Herr sei mit euch! Und mit dei-nem geist!

Sursum corda

Die her-zen in die hö-he!

a. b.

Er-he-ben wir zum Herrn. Er-he-ben wir zum Herrn.

Gratias agamus

Lazet uns dank sa-gen dem Herren un-serm Got-te!

a. b.

Das ist würdig und recht. Das ist wür-dig und recht.

Vere dignum

Wahrhaft würdig und recht, bil-lig und auch heil-sam ists,

daz wir dir hei-li-ger Herr, allmächtiger Va-ter, e-wi-ger Gott!

al-le zeit und ü-ber-all danksagen, durch Christum unsern Herren:

Qui pridie

Erste weise:

welcher in der nacht da er ver-ra-ten ward,

nam das brot danket und brachs, und gabs sei-nen jün-gern

und sprach: Ne-met hin und ezet, das ist = mein leib,

der für euch ge-ge-ben wird: das tut zu mei-nem ge-dächtnis.

Des-sel-ben gleichen auch den kelch nach dem abendmal und

danket, und gab ihnen den und sprach: Trinkt al-le daraus,

das ist + mein blut des neu en te-sta-mentes das für euch u. für

vil ver-go-zen wird zur ver-ge-bung der sün-den:

solchs tut so oft ihrs trinkt, zu mei-nem ge-dächt-nis.

Zweite weise:

welcher in der nacht da er ver-ra-ten ward,

nam das brot dankt und brachs, und gabs sei-nen jün-gern

und sprach: Ne-met hin und ezet, das ist + mein leib,

der für euch ge-ge-ben wird, solchs tut zu mei-nem ge-dächtnis.

4*

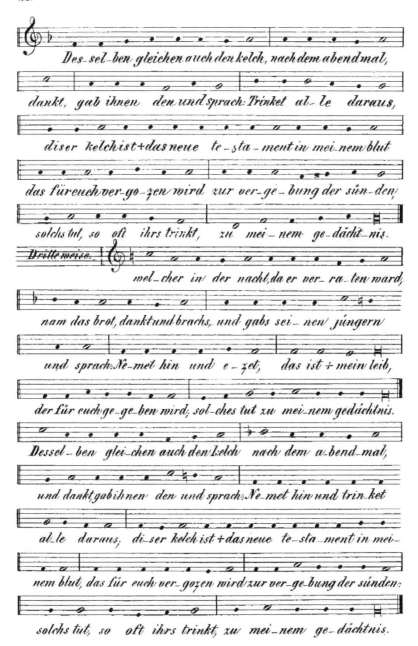

Des-sel-ben gleichen auch den kelch, nach dem abendmal,

dankt, gab ihnen den und sprach: Trinket al-le daraus,

diser kelch ist + das neue te-sta-ment in mei-nem blut

das für euch ver-go-zen wird zur ver-ge-bung der sün-den,

solchs tut, so oft ihrs trinkt, zu mei-nem ge-dächt-nis.

Dritte weise.

wel-cher in der nacht, da er ver-ra-ten ward,

nam das brot, dankt und brachs, und gabs sei-nen jüngern

und sprach: Ne-met hin und e-zet, das ist + mein leib,

der für euch ge-ge-ben wird, sol-ches tut zu mei-nem gedächtnis.

Dessel-ben glei-chen auch den kelch nach dem a-bend-mal,

und dankt, gab ihnen den und sprach: Ne-met hin und trin-ket

al-le daraus, di-ser kelch ist + das neue te-sta-ment in mei-

nem blut, das für euch ver-gozen wird zur ver-ge-bung der sünden:

solchs tut, so oft ihrs trinkt, zu mei-nem ge-dächtnis.

Et ideo

Darum mit al-len engeln und erzengeln, tronen und herschaften
und dem ganzen himlischen hee — re laz auch un—se—re stimmen
uns ver—ei—nen, und an—be — — tend zu dir spre—chen:

34. Sanctus I.

Hei — lig, hei — — lig, hei — = — lig ist der
Her — re Ze—ba—ot. Al—le land sind dei — ner
eh — ren voll. Hosi — an—na in der hö — — he! Ge—
be — — ne—deit sei der da komt im na — = =
men des Herrn. Ho—si — an—na in der hö — — he!

35. Sanctus II.

Hei — lig, hei — — lig, hei — — lig ist der Herre

Ze — ba — ot. Al — le land sind dei ner ehren voll.

Ho si — anna in der hö — — he! Ge — be — ne — deit sei der da

kömt im na — men des Herrn. Hosi — anna in der hö — he!

36. Sanctus III.

Hei — — lig, hei — — lig, hei — —

lig ist der Her — re Ze — — — — — — ba — ot.

Al - le land . . . . . . sind dei - ner eh - ren voll.

Ho - = - si - an - = = = - na in der hö - - he!

Ge - be - . . . ne - deit sei der da komt im na - men des Herrn

Ho - - si - an - . . = = = na in der hö - - he!

Hei - lig, hei - = lig, hei - - lig u. s. w.

Ho - - - = = si - an . . na in der hö - - he!

37. Sanctus IV.

Hei - - - - - lig, hei - - - - - lig, hei -

- - - - - lig ist der Her-re Ze - ba - ot.

Al-le landsind dei-ner eh-ren voll. Ho-si - an-na in der

hö - he! Ge-be - ne - deit sei der da komt im

na - men des Herrn Hosi - anna in der hö - - - he!

✻ Variante

Hei-lig ist Gott der Va-ter hei-lig ist Gott der Son, hei-

lig ist Gott der heilge Geist. Er ist der Her-re Ze-ba-ot.etc.

38. Sanctus V.
für die passionszeit.

Hei — lig, hei — lig, hei — lig ist der Her-re

Ze — ba — ot. Al-le land sind dei-ner eh-ren voll.

Ho — si — an — na in der hö — he! Gre-be-ne-deit sei

der da kumt im na — men des Herrn. Ho-si — an —

na in der hö — he!

39. Sanctus: liedweise I.
(mit wegfall des Et ideo)

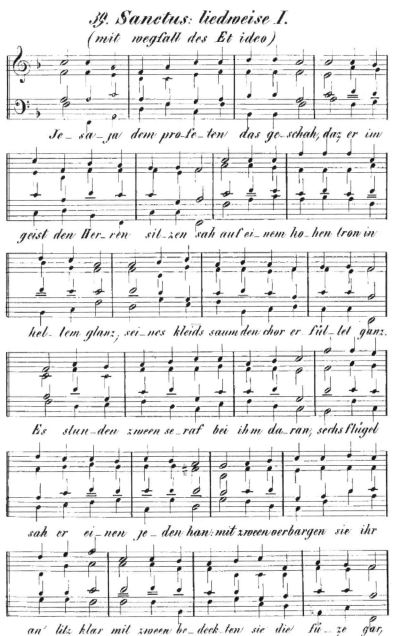

Je_sa_ja dem pro_fe_ten das ge_schah, daz er im

geist den Her_ren sit_zen sah auf ei_nem ho_hen tron in

hel_lem glanz, sei_nes kleids saum den chor er fül_let ganz.

Es stun_den zween se_raf bei ihm da_ran, sechs flügel

sah er ei_nen je_den han: mit zween verbargen sie ihr

an_litz klar mit zween be_deck_ten sie die fü_ze gar,

und mit den an_dern zween sie flo_gen frei, gen ander

ruf_ten sie mit grozem schrei:Heilig ist Gott der Her_re

Ze_ba_ot! hei_lig ist Gott, der Her_re Ze_ba_ot!

hei_lig ist Gott, der Her_re Ze_ba_ot! sein ehr die

ganze welt er_fül_let hat! Von dem schrei zit_tert schwell und

bal_ken gar, das haus auch ganz voll rauchs und ne_bels war.

40. Sanctus Summum: liedweise II
(mit wegfall des Et ideo)

O hei-li-ger Vater, gü-ti-ger Herr, allmächti-ger schöpfer,

ei-ni-ger Gott, Herre ze-ba-ot: groz ist dei ne güt u. woltat. etc.

41. Oratio Dominica

Erste weise.

Lazt uns be-ten: Va-ter un-ser, der du bist

im himel: ge-hei-ligt werd dein na-me: zu kom dein reich:

dein will ge-sche-he, als im himel auch auf er-den:

un-ser täg-lich brot gib uns heut: und vergib uns unsre schulden,

als mir ver-ge-ben un-se-ren schul-di-gern: und für uns nicht

in ver-suchung: son-dern er-lös uns vom ü--bel.

A------men.

Dritte weise

Lazt uns be-ten: Va-ter un-ser, der du bist
im hi-mel. ge-hei-li-get wer-de dein name: zu-kom dein reich:
dein will ge-sche-he als im himel auch auf er-den:
un-ser täglich brot gib uns heu-te: und vergib uns unsre
schulden, als wir ver-ge-ben un-sern schuldigern: und für uns
nicht in ver-suchung: sondern er-lös uns vom übel. A-men.

Zweite weise

Lazt uns be-ten: Va-ter un-ser der du bist
im himel: ge-hei-li-get werd dein na-me: zu-kom dein reich:
dein will ge-sche-he als im hi--mel auch auf er-den:
un-ser täg-lich brot gib uns heut: und vergib uns uns-re
schuld als wir ver-ge-ben un-sern schuldi-gern: und für uns
nicht in ver-suchung: son-dern er-lös uns von dem übel. Amen.

456

42. Agnus dei I.

1.u.3. O lam Got — — tes, der du trägst die sün — — —

den der welt: er barm dich un — — ser.
gib uns deinen fri — — den:

2. O lam Got — — tes, der du etc.

u. s. w.
wie v. 1.

43. Agnus dei II.

Christe du lam Got_tes, der du trägst die sünd der welt

er_barm dich un_ — ser. Christe du lam Got — tes,

der du trägst die sünd der welt: er_barm dich un_ser.

Chri..ste du lam Got_tes, der du trägst die sünd der welt:

gib uns dei_nen fri #den! A _ _ _ _ _ _ men.

44. Agnus Dei: liedweise

‑ O lam Gottes un_schul _ _ dig am stam des kreuzes ge_
All_zeit funden ge_dul _ _ dig wie wol du wa_rest ver_

schlach _ tet! All sünd hast du ge_tra _ _ gen; sonst
ach _ _ tet!

müzten wir ver_za_gen; er barm dich unser, o Je _ su.
gib uns dein friden, o Je _ su.

A _ _ _ _ _ men:

Intonation der Einsetzungsworte
falls sie vor oder nach dem F.V. recitirt werden.

a.

Un — ser Herr Je — sus Christ etc.

b.

Un — ser Herr Je — sus Christ etc.

c.

Un — ser Herr Je — sus Christ etc.

45. Pax.

a.

Der frid des Her — ren sei + mit euch al — — len.

b.

Der frid des Her — ren sei + mit euch al — len.

a.

A — — — — men.

b.

A — — — men.

46. Psalm CXI.

Jch dank dem Herrn von gan — zem her — zen:

im rat der fro — — men und in der ge — mein.

A — — — — — — men.

47. Versikel.

Danket dem Herrn denn er ist freundlich; hal-le-lu-ja!

Und sei-ne gü-te wä-ret e-wig-lich. Hal-le-lu-ja.

48. Postcommunio

Lazt uns be-ten: Wir danken dir all-mächti-ger Gott,

daz du uns durch di-se heil-sa-me ga-be des lei-bes und blu-tes

dei-nes lie-ben so-nes Je-su Christi a-ber-mals hast erquicket:

und bit-ten dei-ne barm-her-zig-keit, daz du uns sol-ches ge-

dei-hen lazest zu starkem glauben/gegen dich u. zu brünsti-ger

lie-be un-ter uns ab ten. Durch unsern Herrn Je-sum Christum

dei-nen Son, der mit dir in e-wig-keit des hei-li-gen Geistes

wa-rer Gott, le-bet und herschet im mer und e-wig-lich.

A-men.

49. Benedicamus.

Der Herr sei mit euch

Und mit dei – nem geist!

a.

Laßt uns be – ne – dei – en den Her – ren.

oder b.

Laßt uns be – ne – dei – en den Her – ren.

Gott sei e – wig – lich dank.

50 Benediction.

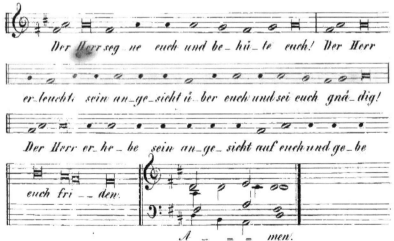

Der Herr seg – ne euch und be – hü – te euch! Der Herr

er – leuchte sein an – ge – sicht ü – ber euch und sei euch gnä – dig!

Der Herr er – he – be sein an – ge – sicht auf euch und ge – be

euch fri – – den.

A – – – men.

Zum beschluz der abendmalsfeier nach
dem segen:

51. Nunc dimittis.

Her_re nun lässest du dei_nen die_ner in fri_den fa_

ren, wie du ge_su_get hast. Denn meine au_gen ha_ben dei_nen

hei_land ge_sehn, den du be_rei_tet hast vor al_len völ_kern,

ein licht zu er_leuch_ten die hei_den und zum preis dei_

nes volks Is_ _ _ _ _ _ _ _ _ _ _ ra_el.

Ehr sei dem Va_ter und dem Son, und dem hei_li_gen Geist.

Wie es war im an - fang, jezt und im - mer - dar:

und von e - wig - keit zu e - wig - keit. A - - men.

A - - men.

52. Ite benedicti et electi

Geht hin die ihr ge - be - ne - deit u. in Christo auserwält seid,
Ge - segnet ist eu - er ausgang, ge - seg - net ist eu - er eingang,
Der - selb unser Herr u. heiland für uns ein ins recht vaterland:

geht hin mit freuden in frid: Gott richt all eu - er schritt,
ge - seg - net all eu - er tun durch Christum Got - tes son.
zu lob und ehr seim na - men in e - wig - keit. A - men.

Schluz
wenn keine Abendmalsfeier stattfindet.
Bis zum Gemeingebet und Vater Unser wie oben.
Darauf Benediction mit oder ohne Benedicamus.

Zwei Gesänge
zum Gemeingebet vor dem Segen

53.

Gott sei uns gnädig und barm. her . zig:
Er laze uns sein ant . litz leuchten:
Es segne uns Gott un . ser Gott:

und geb uns seinen gött _ _ li _ chen se _ _ gen.
daz wir auf erden erkenen sei_ne we _ _ ge.
es segne uns Gott u. geb uns seinen fri. den. A _ men.

54.

Der Herr unser schöpfer u. Gott, der seg. ne uns mit seiner gnad,
Der Herr unser Gott und heiland laz ü. ber uns leuchten allsamt
Der Herr Gott d. hei. li . ge Geist er_heb ü. ber uns al . ler. meist
Uns seg. ne der Herr un. ser Gott, uns seg. ne d. Son durch sein tod:

und be . hüt uns all zu gleich, ver. mehr sein lie_ bes reich.
sein hei. li . ges un. ge_ sicht, sein gnad und hei. les licht.
sein an_ge_ sicht vol. ler güt, und geb uns sei. nen frid.
seg. ne des Geists gü. tig. keit die gan. ze Christen. heit.

nr. 50.

Acht gemeine Introiten.

55. Erster ton.

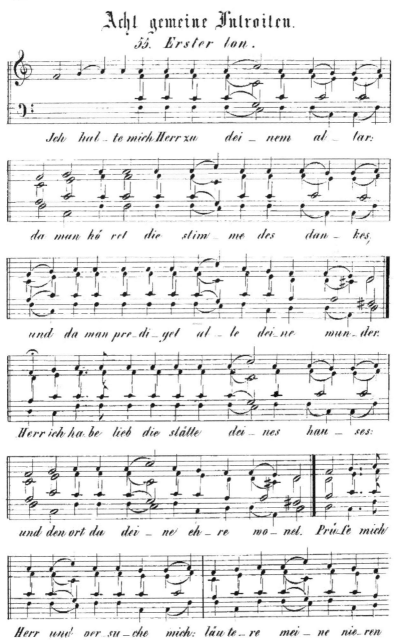

Ich hal _ te mich Herr zu dei _ nem al _ tar:

da man hö ret die stim _ me des dan _ kes,

und da man pre di _ get al _ le dei _ ne wun _ der.

Herr ich ha be lieb die stätte dei _ nes hau _ ses:

und den ort da dei _ ne eh _ re wo _ net. Prü _ fe mich

Herr und ver su _ che mich: läu te _ re mei _ ne nie ren

und mein herz. Lob und preis sei Gott dem Va_ter

und dem Son und dem hei _ li _ _ gen Geist: wie es

war im an_fang jezt und im_mer_dar, und von

e_wig_keit zu e_ _wig_keit. A _ men.

56. Zweiter ton.

Wie ein hirsch schreiet nach fri_schem wa_zer:

so schrei_et mei_ne see_le Gott nach dir.

Meine seele dürstet nach Gott nach dem lebendigen Gott: wann werd ich dahin komen daz ich Gottes angesicht schaue! Nach dir Herr verlanget mich, mein Gott ich hoffe auf dich: laz mich nicht zu schanden werden denn ich traue auf dich. Lob und preis sei Gott dem

Va - ter und dem Son und dem hei - li - gen Geist:

wie es war im an - fang jetzt und im - mer - dar;

und von e - wig - keit zu e - wig - keit. A - men.

57. Dritter ton.

Sen - de Herr dein licht u. dei - ne warheit daz sie mich

lei - - ten: und brin - gen zu dei - nem hei li - gen

berg und zu dei - ner wo nung. Daz ich

7.

469

und von e—wigkeit zu e——wig—keit A—men.

58. Vierter ton.

Gott wir war—ten dei——ner gü—te: in dei—

nem tem——pel. Gott wie dein na—me. so ist auch dein

rum bis an der welt en—de: dei——ne rech—te ist

voll ge——rechtig—keit. Groz ist der Herr und

hoch-be—rümt: in der stadt unsers Gottes auf sei—nem hei—

7*

li — — gen' ber — ge. Lob und preis sei

Gott dem Va-ter u. dem Son u. dem hei — li — gen Geist:

wie es war im an-fang jezt und im-mer-dar;

und von e-wigkeit zu e — wig keit. A — men.

59. Fünfter ton.

Wie lieb-lich sind dei-ne wonun-gen Herr Ze-ba-ot:

ein tag in dei-nen vor-hö-fen ist be — zer denn sonst tausend.

Mei-ne see-le ver-lan-get u. seh-net sich nach den vorhöfen des Herrn:

mein leib u. see-le freu-en sich in dem le-ben-di-gen Gott.

Du hir-te Is-ra-els hö-re: der du Jo-sefs hü-test

wie der scha-fe. Lob und preis sei G. d. Va-ter u. dem Son

und dem hei-li-gen Geist: wie es war im an-fang jezt und

im-mer dar, und von e-wig keit zu e-wig-keit A-men.

60. Sechster ton.

Das ist ein köst-lich ding dem Herren danken:

und lob sin — gen deinem na — — — men du Höchster.

Des mor — — — gens dei-ne gnade und des nachts

deine war — — — heit ver - kün di-gen. Al — — les

land be-te dich an und lobsinge dir lob — . — sin —

get zu ehren sei — — — nem namen. Lob und preis sei

61. Sibenter ton.

62. Achter ton.

Ich dan-ke dir von gan-zem her--zen:

vor den göttern will ich dir lob--singen. Ich will

an-be-ten zu dei-nem hei--li--gen tem-pel:

und dei-nem na-men danken um dei-ne gü--te und

treu--e; denn du hast dei-nen na-men ü-ber al-les

her-lich ge-macht durch dein wort. Herz--lich lieb habe

8.

ich dich Herr mei_ne stär_ke: Herr mein fels mei_ne

burg und mein er _ _ retter. Lob u; preis sei Gott dem

Va_ter und dem Son und dem hei _ li _ gen Geist:

wie es war im an_fang jezt und im _ _ merdar;

und von e _ wig-keit zu e _ _ wig _ keit. Amen.

Feierliche melodien des
Benedictus und Magnificat
für die Sonn-und Festtage.

63. Erster ton.

Ge _ lo _ bet s. d. H. der Gott Is _ _ ra _ el:
Mei _ ne seel er _ _ hebt den Her _ _ ren:

denn er h. b. und er _ _ _ _ _ _. lö' _ _ set sein volk.
und m. g. fr. s. G. mei nes hei _ _ lands.

64. Zweiter ton.

Ge _ lo _ bet sei d. H. der Gott Is _ ra _ el:
Mei _ ne seel er _ hebt den Her _ ren:

denn er hat b. und er _ _ _ _ _ _ lö _ set sein volk.
und mein geist etc meines hei _ _ lands.

65. Dritter ton.

Ge _ lo _ bet s. d. H. der Gott Is _ ra _ el:
Mei _ ne seel er _ _ hebt den Her _ _ ren:

denn er h. b. und er _ lö _ set sein volk.
und mein etc. mei _ _ nes hei _ lands.

66. Vierter ton.

Ge _ lo _ _ bet s. d. H. der Gott Is _ ra _ el:
Mei _ ne seel er _ _ hebt den Her_ren:

denn er h. b. und er _ lö_set sein volk.
und etc. G. mei_nes hei _ lands.

67. Fünfter ton.

Ge _ lo _ bet sei d. H. der Gott Is _ ra _ el:
Mei _ ne seel er _ _ hebt den Her _ ren:

denn er h. b. und er _ lö _ set sein volk.
und etc. mei_nes hei _ _ lands.

68. Sechster ton.

Ge _ lo _ _ bet s. d. H. der Gott Js _ ra _ el:
Mei _ ne seel er _ _ hebt den Her_ren:

denn er h. b. und er _ . . . . _ . lö _ set sein volk.
und etc. mei _ nes hei _ lands.

69. Sibenter ton

Ge _ lo _ _ bet s. d. H. der Gott Js_ra_el:
Mei _ ne seel er _ _ hebt den Her _ _ ren:

denn er h. b. und er _ _ _ lö _ set sein volk.
und etc. mei _ nes hei _ lands.

70. Achter ton.

Ge _ lo _ _ bet s. d. Herr der Gott Js _ ra_el:
Mei _ ne seel er _ hebt den Her _ _ ren:

denn er h. b. und er _ _ _ lö _ set sein volk.
und etc. G. mei_nes hei _ _ lands.

Schlufs

der Sonn=und Feiertags Gottesdienste auzer der Communio.

Nach Gebet mit V. U. und Gesang

71. Versikel.

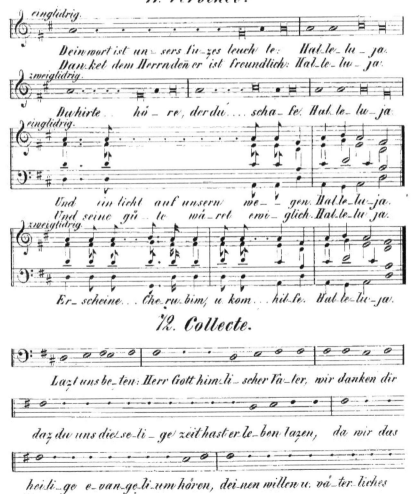

einglidrig.

Dein wort ist un _ sers fu=zes leuch te: Hal le lu _ ja.
Dan ket dem Herrn den er ist freundlich: Hal le lu _ ja.

zweiglidrig.

Du hirte hö _ re, der du .... scha _ fe. Hal le lu _ ja.

einglidrig.

Und im licht auf unserm we _ gen. Hal le lu _ ja.
Und seine gü _ te wä _ ret ewi _ glich. Hal le lu ja.

zweiglidrig.

Er _ scheine ... Che ru bim, u. kom ... hil fe. Hal le lu _ ja.

72. Collecte.

Lazt uns be ten: Herr Gott him li _ scher Va _ ter, wir danken dir

daz du uns die se li _ ge zeit hast er le ben lazen, da wir das

heili ge e van ge li um hören, dei nen willen u. vä ter liches

481

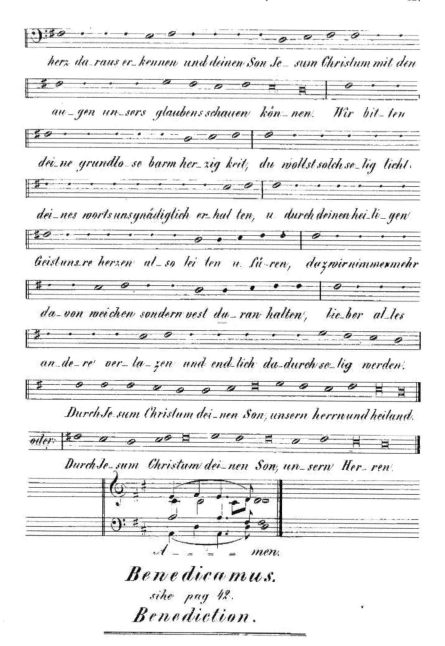

herz da_raus er_kennen und deinen Son Je_ sum Christum mit den

au_gen un_sers glaubens schauen kön_nen. Wir bit_ten

dei_ne grundlo_se barm her_zig keit; du wollst solch se_lig licht.

dei_nes worts uns gnädiglich er_hal ten, u. durch deinen hei_li_gen

Geist uns_re herzen al_so lei ten u. fü_ren, da zwir nimmermehr

da_von weichen sondern vest du_ran halten, lie_ber al_les

an de_re ver_la_zen und end_lich da_durch se_lig werden.

Durch Je_sum Christum dei_nen Son; unsern herrn und heiland.

oder: Durch Je_sum Christum dei_nen Son; un_sern Her_ren.

A_ _ _ men.

Benedicamus.

siehe pag 42.

Benediction.

Zur Matutin und Vesper.

73. Domine labia

Herr tu – e uns-re lip-pen auf:

Daz un-ser mund dei-nen rum ver-kün-di-ge.

74. Deus in adjutorium

Ei-le Gott uns zu er-retten.

Herr uns zu hel-fen.

Ehr sei dem Va-ter und dem Son, und dem hei-li-gen Geist:

Wie es war im an-fang, jezt und im-mer-dar: und von

e-wig-keit zu e-wig-keit. Amen. Hal-le-lu-ja.

75. Venite adoremus.

komt lazet uns an-be--ten.

Feriale Psalmodie:
Intonationen der acht psalmtöne.

1. 2. 3. 4.

Der Herr: Der Herr: Der Herr: Der Herr:

5. 6. 7. 8.

Der Herr: Der Herr: Der Herr: Der Herr:

76. Erster ton.

Der Herr ist mein hir-te.... mir wird nichts mangeln.
Ehr s.d. Va-ter u. dem Son und dem hei-ligen Geist.

Schluz:

zu e-wigkeit A-- men.

77 Zweiter ton.

Ehr s. d. Vater u. dem Son: und dem heiligen Geist.

78 Dritter ton.

Ehr sei d. Vater u. dem Son: und dem hei-li-gen Geist

9

79. Vierter ton.

Ehr s. d. Va-ter u. dem Son: und dem heili-gen Geist.

80. Fünfter ton.

Ehr s. d. Väter u. dem Son: und dem hei ligen Geist.

81. Sechster ton.

Ehr s. d. Väter und dem Son: und dem hei - - ligen Geist.

82. Siebenter ton.

Ehr s. d. Va-ter u. dem Son: und dem hei li - gen Geist.

83. Achter ton.

Ehr s. d. V. und dem Son: und dem hei - ligen Geist.

84. Neunter oder Pilgerton.

Ehr s. d. V. und dem Son: und dem hei - li gen Geist.

Zur Lection:

Gott sei gedankt.

85. Te Deum I.

Herr Gott dich lo — — — ben wir!

Erster chor. **Zweiter chor.**

Herr Gott dich lo-ben wir   Herr Gott wir dan-ken dir

Dich Va-ter in e-wigkeit   ehrt die Welt weit und breit.

...... All engel u. himels heer   und was dienet deiner ehr:
auch Ceru-bim u. Sera-fim   singen immer mit hoher stim:

Heilig ist un-ser Gott!   Hei-lig ist un-ser Gott!

Beide chöre

Hei-lig ist unser Gott, der Her-re Ze-ba-ot.

Erster chor. Zweiter chor

Dein göttlich macht u. herlichkeit geht über himl u. erden weit.
Der heiligen zwölf boten zal und die lieben profeten all
Die teu..ren märtrer allzumal loben dich H. mit grozem schall.
Die ganze werte Christenheit rümt dich auf erden allezeit
Dich G. Vä-ter im höchsten tron deinen rechten u. eingen Son.
Den heilgen G.u. tröster wert mit rechtem dienst sie lobt u. ehrt.

Du könig d. ehren Je-su Christ Gott Vaters ewger Son du bist.
Der junfr. leib u. h. verschmäht zur lö-sen d. mensch. geschlecht
Du hast d. tod zerstört z. macht u. all Christen z. himel bracht.
Du sizst z. rech-ten gottes gleich mit aller ehr ins Vä ters reich.
Ein richter du zukünftig bist al-les das tot u. le-bend ist.

Nun hilf uns Herr d. dienern dein die mit deim t. blut erlö-set sein.

Laz uns im himel haben teil mit den heiligen im ewgen heil.

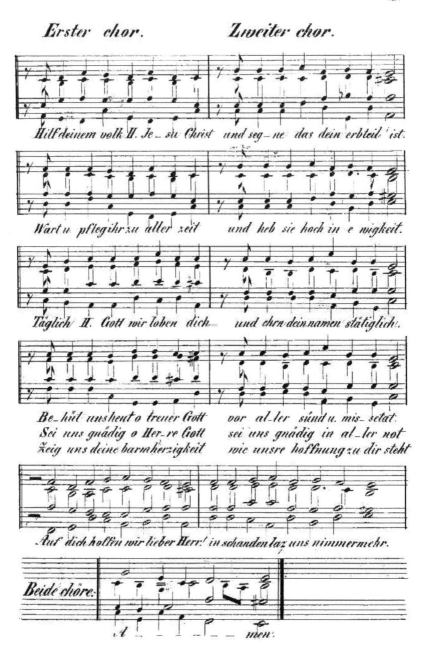

Erster chor.   Zweiter chor.

Hilf deinem volk H. Je-su Christ und seg-ne das dein erbteil ist.

Wart u. pfleg ihr zu aller zeit und heb sie hoch in e wigkeit.

Täglich H. Gott wir loben dich und ehrn dein namen stätiglich.

Be-hüt uns heut o treuer Gott vor al-ler sünd u. mis-setat.
Sei uns gnädig o Her-re Gott sei uns gnädig in al-ler not
Zeig uns deine barmherzigkeit wie unsre hoffnung zu dir steht

Auf dich hoffen wir lieber Herr! in schanden laz uns nimmermehr.

Beide chöre:

A ___ men.

86. Te Deum II.

Intonation wie vorher

Männerchor, unisono: die mel. im tenor — Gemischter chor oder Gesamtgemeine.

Herr Gott, dich lo-ben wir: — Herr Gott wir danken dir.

Dich Va-ter in e-wigkeit — ehrt die welt weit und breit.

All en-gel und hi-mels heer — und was dienet dei-ner ehr,

auch Cherubim u. Se-ra-fim — singen im-mer mit hoher stim:

Hei-lig ist un-ser Gott: — Hei-lig ist un-ser Gott:

Beide chöre:

Hei-lig ist unser Gott der Herre Zeba-ot.

Dein göttlich macht u. her-lichkeit   geht über himl u. er - den weit
Der hei-li - gen zwölf boten zal   und die lieben profe - ten all,
Die teu ren, märtrer allzumal   loben dich H. mit grozem schall
Die ganze werte Christenheit   rümt dich auf erden allezeit
Dich G. Vater im höchsten tron   deinen rechten u. ein-gen Son
Den heilgen G. u. tröster wert   mit rechtem dienst sie lobt u. ehrt.

Du königd. ehren Je - su Christ.   G. Va-ters ewger Son du bist.
Der jungfr. leib u. h. verschm: zur lö-sen d. menschl. geschl.
Du hast d. tod zerstört s. macht   u. all Christen z. himel bracht
Du sizst zur rechten gottes gleich   mit aller ehr ins Vaters reich
Ein richter du zukünftig bist   al-les das tot u. lebend ist.

Nun hilf uns H. d. dienern dein, die mit d. t. blut er-lö- set sein.

Laz uns im himmel haben teil   mit dein heili-gen im ewgen heil

Hilf deinem volk H. Je—su Chr.   und segne das dein erbteil ist.

Wart u. pfleg ihr zu aller zeit,   u. heb sie hoch in ewigkeit.

Täglich H. Gott wir loben dich   und ehrn dein namen stätiglich.

Behüt uns heut o treuer Gott   vor aller sünd u. misselät.
Sei uns gnädig o Herre Gott   sei uns gnädig in aller not.
Zeig uns deine barmherzigkeit   wie unsre hoffnung zu dir steht.

Auf dich hoffen wir lie-ber Herr,   in schanden laz uns nimer mehr.

A — — — — — — — men.

Cantica.

87 Benedictus oder Magnificat.

Ge – – lobet sei der Herr d. G. Is – ra – el:
Mei – ne seel er – – – – – hebt den Herrn:

denn' er hat besucht u. er – – – – lö-set sein volk.
und mein geist etc. meines hei-lands.

88. Nunc dimittis

Herr nun lägest du dei-nen diener im fri-den faren:

wie du ge – – – – sa-get hast:
*vers 2. *vers 3.

heiland gesehn. leuchten die hei – den.

89. Credo apostolicum.

Ich glaub an Gott Va – ter, den All-mächti – gen,

10.

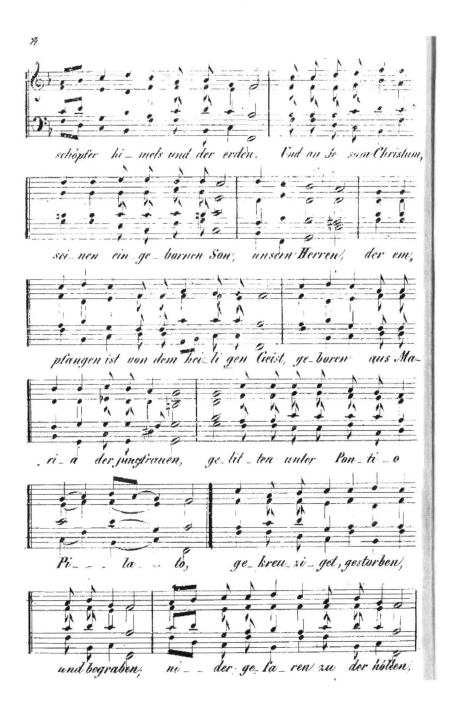

schöpfer hi _ mels und der erden. Und an Je sum Christum,

sei _ nen ein _ ge _ bornen Son, unsern Herren, der em _

pfangen ist von dem hei _ li _ gen Geist, ge _ boren aus Ma _

_ ri _ a der jungfrauen, ge _ lit _ ten unter Pon _ ti _ o

Pi _ _ la _ _ to, ge _ kreu _ zi _ get, gestorben,

und begraben, ni _ _ der ge _ fa _ ren zu der höllen,

am dritten tage wi der auer stan den von den toden,

aufge stan ren gen hi mel, sit zend zu der rechten

Got tes, des all mach ti gen Va ters,

von dannen Er komen wird zu richten die le ben digen

und die to den. Ich glaube an den hei li gen Geist,

ei ne hei li ge christliche kir che, die ge meine der

hei — li — gen, ver — ge — bung der sünden; auf — er — stehung des

flei — sches, und ein e — wi — ges le — ben. A — men.

Lit. Zu dem — selbigen unserm getreuen lieben Gott Väter, Son und heiligen Geist, rufet auch weiter mit herzen und stim — me und tut bitte, gebet, fürbitte und danksagung für euch und alle stände der Christenheit.

90. Litanei I.

ky — ri — e: e — le — i — son: Christe: e — le — i — son.
ky — ri — e: e — le — i — son. Christe: er — hö — re uns.

Herr Gott Va — ter im himel: erbarm dich über uns.
Herr Gott Son der welt heiland: erbarm dich über uns.

Herr Gott hei — li — ger Geist: er — barm dich ü — ber uns.

Sei uns gnädig: ver schon uns lie-ber Her-re Gott:
sei uns gnädig: hilf uns lie-ber Her-re Gott:

Vor al-lem sünden: be-hüt uns lie-ber Her-re Gott:
vor al-lem irrsal:
vor al-lem übel:

vor des teufels trug u. list: be-hüt uns lie-ber Herre Gott:
.... vor bösem schnellen tod:
vor pestilenz u. teurer zeit:
.... vor krieg u. blut:
vor aufrur u. zwitracht:

vor hagel und ungewitter: be-hüt uns lie-ber Herre Gott:
vor dem e-wi-gen tod:

Durch dein heilig ge-burt: hilf uns lie-ber Her-re Gott:

496

78

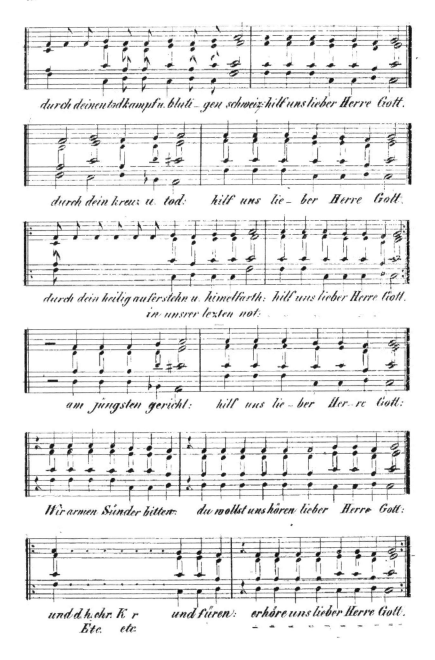

durch deinen todkampf u. bluti _ gen schweiz: hilf uns lieber Herre Gott.

durch dein kreuz u. tod: hilf uns lie _ ber Herre Gott.

durch dein heilig auferstehn u. himelfarth: hilf uns lieber Herre Gott.
in unsrer lezten not:

am jüngsten gericht: hilf uns lie _ ber Her _ re Gott:

Wir armen Sünder bitten: du wollst uns hören lieber Herre Gott.

und d. h. chr. K. r und füren: erhöre uns lieber Herre Gott.
Etc. etc.

497

O Je su Christ Gottes Son: erhör uns lieber Herre Gott

O du Gottes lam das der welt sünde trägt: erbarm dich über uns.

o du Gottes lam das der welt sünde trägt: erbarm dich über uns

o du Gottes lam das der w sünde trägt. verleih uns stäten frid

[Christe   er hö re uns.] ky ri e   e le i son
                              Christe   e le i son

Beide chöre:

ky ri e   e le i son. A.   men.

Vater Unser.

91. Litanei II.

Ky - ri - e: e - le - i - son: Christe: e - le - i - son.

Ky - ri - e: e - le - i - son.

Herr Gott Va - ter im himel: er barm dich ü - ber uns.x.

Sei uns gnä - dig: verschon uns lieber Herre Gott.
hilf uns lieber Herre Gott.
Vor al - len sünden! be - hüt uns lieber Herre Gott.x.

Vor des teufels trug u. list: be - hüt uns lieber Her - re Gott.
Durch dein heilig geburt: hilf uns lieber Her - re Gott.

Wir armen sünder bitten: du wollst uns hören lieber Herre Gott.

Statt der Litanei kann auch das Confiteor nr.4
oder je nach dem stand des Kirchenjars eines der aus.
gefürteren Kyrie nr. 11. 12. 13. 14. 15. 16 gesungen werden :

Gesänge zur Litanei

namentlich wenn dieselbe nur gesprochen wird.

92. Wider die zween erzfeinde
Christi und seiner heiligen Kirche

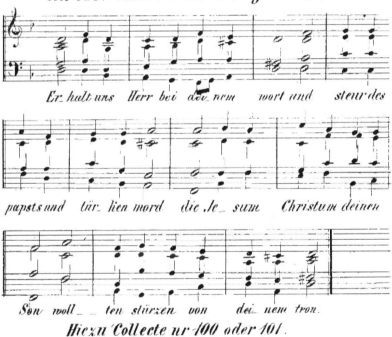

Er halt uns Herr bei dei nem wort und steur des

papsts und tür. ken mord die Je sum Christum deinen

Son woll ten stürzen von dei nem tron.

Hiezu Collecte nr 100 oder 101.

93. Pro pace 1527.

O Herr Gott gib uns deinen frid durch Je sum deinen Son

bit ten wir e _ le i _ son Wach auf Herr

ma _ rum schläfest du? wach auf u: ver stoz uns nicht gar

O Herr Gott etc. Wä _ rum verbirgest du dein ant litz?

und ver gi zest unsers e lendes und dranges O Herr Gott

Mach dich auf hilf uns u: er _ lö _ se uns um deiner gü te

wil len, den unsre see le ist ge beuget zu der er _ den

11½

84

Denn niemand ist der uns helfen, o – der uns be – schützen kann

in di sen fär – li – chen zei – ten denn du Herr unser Va –

ter und Gott E – le – i – son.

Hiezu collecte nr 102 oder 103.

94. Pro pace 1529.

Ver – leih uns Fri – den gnädiglich, Herr Gott zu un – sern

zei – ten Es ist doch ja kein andrer nicht, der

für uns könnte strei – ten, denn du unser Gott al – leine.

Hiezu collecte nr. 102 oder 103.

95. Pro principe.

Hiezu collecte nr. 104 oder flg.

Oder statt der Litaneiect

Gemeingebet.

z.b. Barmh. ew. Gott. du trost u. s. w. Löhe.I.p.342.
oder: Gütiger Vater, schöpfer u. s. w. Löhe.I.p.316.

96. Kyrie.

97. Vater unser.

Den dein ist das reich und die kraft und die her_lich_

keit in e_wig keit. A_men.

98. Preces.

O Herr er_zeig deine barmherzig keit ü_ _ _ ber uns:
O Herr seg_ne den . . . . Kö_ _ nig:
Rüst deine die_ner aus mit ge_ _ _ rechtigkeit:
O Herr hilf . . . . . . dei_ _ nem volk:
Schenk uns fridin . . uns_ _ ser zeit:
Schaffe in uns Gott ein . . . . rei_ _ nes herz:

O Herr erzeig: etc.   O Herr segne etc.

Und schenk uns dein heil Und er_hör uns gnädiglich
                          Rüst deine diener ect

wen wir dich an_ ru_ fen Und laz deine hei_li_gen sich

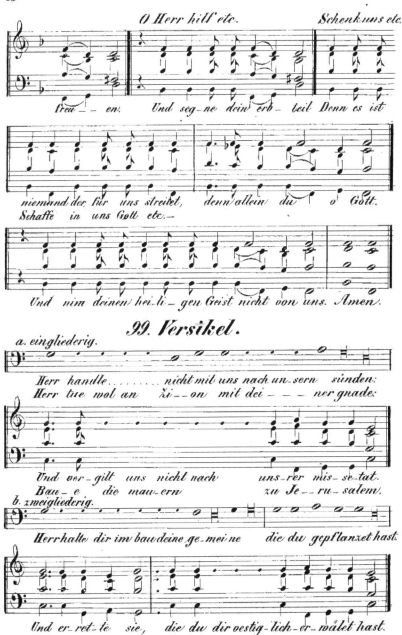

99. Versikel.

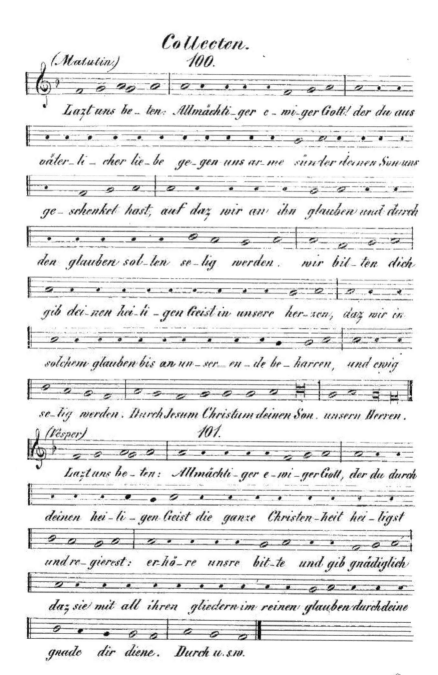

Collecten.

(Matutin.) **100.**

Lazt uns be-ten: Allmächti-ger e-wi-ger Gott! der du aus

väter-li-cher lie-be ge-gen uns ar-me sünder deinen Son uns

ge-schenket hast, auf daz wir an ihn glauben und durch

den glauben sol-len se-lig werden. wir bit-ten dich

gib dei-nen hei-li-gen Geist in unsere her-zen, daz wir in

solchem glauben bis an un-ser-en-de be-harren, und ewig

se-lig werden. Durch Jesum Christum deinen Son. unsern Herren.

(Vesper) **101.**

Lazt uns be-ten: Allmächti-ger e-wi-gerGott, der du durch

deinen hei-li-gen Geist die ganze Christen-heit hei-ligst

und re-gierest: er-hö-re unsre bit-te und gib gnädiglich

daz sie mit all ihren gliedern im reinen glauben durch deine

gnade dir diene. Durch u. s.w.

102.

(Matutin.)

Lazt uns be_ten: O Gott du ur_he_ber, des fri_dens,

dem lieb und ein_tracht wol gefällt! des_sen er_kenntnis das

e_mi_ge le_ben; dessen dienst die vollkome_ne freiheit ist:

gib dei_nen die_nern fri_de; di_sen tag und al_le zeit

vor allen nachstellungen und an_fäl_len un_se_rer feinde;

auf daz wir uns dei_nes schutzes ge_trösten, und keine

gefar un_se_rer wi_der_sacher fürchten mögen. Durch Jesum

Christum dei_nen Son, un_sern Her_ren.

(Vesper.) ## 103.

Lazt uns be_ten: Herr Gott himli__scher Vater, der du

hei_li_gen mut, gu_ten rat und rech_te wer_ke schaffest:

gib dei_nen die_nern fri_de; welchen die welt nicht kan

ge_ben; auf daz unsre herzen an dei nen geboten hangen;

106. a.

Lazt uns be-ten: All-mächti-ger Gott! der du uns die gnade ver-lie-hen, daz wir zu die-ser zeit ge-meinschaftlich zu dir ha-ben beten können, und der du uns verhei-zen hazt daz wen zwei o-der drei in dei nem namen ver-sa-melt sind du ihr ge-bet er-hö-ren willst: erfül-le nun o Herr die bitten dei-ner diener al-so wie es für sie am heilsamsten sein mag, und ge-wär uns allen in di-ser welt die er-kenntnis deiner warheit, und in der zukunf ti-gen das e-wi-ge le-ben. Durch Je-sum Christum dei-nen Son, un-sern Her-ren.

Durch den sel-ben dei-nen Son, Je-sum Christum, u. H.

106. b.

Lazt uns be-ten: All-mächti-ger Gott! der du uns die gna-de ver-lie-hen, daz wir zu di-ser zeit ge-meinschaftlich.

511

zu dir ha_ben be_ten können; und der du uns verhei_zen hast

daz wenn zwei o_der drei in dei_nem namen ver_sa_melt sind

du ihr ge_bet er_hö_ren willst: er_fülle nun o Herr die bitten

dei_ner diener al_so wie es für sie am heil_samsten sein mag,

und ge_wär uns al_len in di_ser welt die er_kenntnis dei_ner

warheit, und in der zu_künfti_gen das e_wi_ge le_ben.

Durch Je_sum Christum dei_nen Son, un_sern Her_ren.

Durch den_selb_ben dei_nen Son, Je_sum Christum, u.H.

106. c.

Lazt uns be_ten: All_mächti_ger Gott! der du uns die

gnade ver_lie_hen, daz wir zu di_ser zeit gemeinschaftlich

zu dir haben beten können, und der du uns verhei_zen hast,

daz wen zwei o_der drei in dei_nem namen versamelt sind,

512

513

108. Benedicamus.

Der Herr sei mit euch!

Und mit dei–nem geist.

Lazt uns be–ne–dei–en den Her–ren.

Gott sei e–wig–lich dank.

109. Segen.

Der Herr seg–ne euch und be–hü–te euch! Der Herr

er–leuchte sein ange–sicht ü–ber euch u. sei euch gnädig!

Der Herr er–he–be sein ange–sicht auf euch und ge–be

euch fri–den.

A–men.

Nachtrag zu nr. 13.

für den fall, daz die Einsetzungsworte der
Präfation nicht einverleibt werden.

Vere dignum

Wär- haft würdig u. recht; bil-lig und auch heilsam ists,

daz wir dir hei-li-ger Herr, allmächti-ger Va-ter e-

mi-ger Gott, al-le zeit und ü-ber-all dank sa-gen durch

Christum unsern Herren, durch welchen dei-ne ma-je-stät

lo-ben die engel, an-be-ten die herschaften, fürchten die

mächte, die hi-mel und al-ler hi-mel kräf-te samt den

se-li-gen Se-ra-fim mit einhel-li-gem ju-bel preisen

Mit ih-nen laz auch unsre stim-men uns ver-ei-nen

und an-be-tend zu dir sprechen.

Sanctus

Schluz der Leichengottesdienste.
110. Versikel.

Se_lig sind die to_ten die im Herren sterben; von nun an.

Ja der Geist spricht: daz sie ru_hen von ih_rer arbeit,

und ih_re wer_ke fol_gen ih_nen nach

111. Collecte.

Lazt uns be_ten. Allmächti_ger Gott! der du durch den

tod dei_nes So_nes, die sün_de und den tod zu nich_te ge_macht,

und durch sei_ne auf_er_steh_ung unschuld u_e_wi_ges le_ben

wi_der ge_bracht hast, auf daz wir von der ge_walt des

teu_fels er_lö_set, und kraft dersel_ben auf_er__stehung

auch uns_re sterbli_chen lei_ber von den to_ten auf_er

me-chet werden u. in dei nem rei-che le-ben: verlei-he uns,

daz wir sol-ches von gan-zem her-zen glauben und die

frö-li-che aufer=ste-hung des lei-bes mit al-len hei-li

gen er-lan-gen mö gen. Durch densel ben- dei-nen Son

Je-sum Christum un-sern Her-ren. R. Amen.

112. Benedicamus.

Der Herr sei mit euch!

Und mit dei-nem geist

Lazt uns be-ne-dei-en den Her-ren

Gott sei e-wig-lich dank

Segen nr. 109.

Nun danket alle Gott.

Charfreitags Vesper

Gemeindelied

z.b. Herr Christe treuer heiland werti und dergleichen.

113 Versikel

Chri_stus ist um unse_rer misse_tat willen vermun_det:

Und um un_rer sünde wil_ten zer_schla_gen

Die strafe ligt auf ihm auf daz mir fri_de hät_ten:

Und durch sei_ne wunden sind wir ge_hei_let.

114. Collecte.

Der Herr sei mit euch!

Und mit dei_nem geist

Lazt uns be_ten Almächti_ger e_mi_ger Her_re Gott

der du für uns hast deinen Son des kreuzes pein la_zen

lei_den, auf daz du von uns des feindes gewalt triebest:

verleih uns al_so zu be_ge_hen und zu danhen seinem lei_den,

daz mir da durch der sün_den ver ge_bung und vom e_wi_gen

to_de er_lö_sung erlan_gen Durch denselben deinen Son

Je_sum Christum un_sern Herren R. Amen.

Erste lection:
Der seelen kampf in Getsemane u: die gefangennahme.

115. Miserere: Psalm LI.

Chor. 1. Gott sei mir gnädig nach dei_ner gü_te
Gem 2. Wasche mich wol von mei_ner mis_se_tat.

1. und tilge etc.
2. und reinige mich von meiner

grozen barm_herzig_keit
sün_de

Zweite lection:
Die nachtverhöre u: Petri verläugnung.

116 Hymnus

Sei gegrüzt Jesu du ei_ni_ger trost in di_ser
O Gott du heili_ge Dreifal_tig keit dich lo_bet

zeit deins lei_dens groz gib den frommen be_stän_dig keit,
al_le Chri_stenheit, erlöst durchs kreu_zes bit_ter keit.

und den ar_men sündern ge_rech tigkeit
mach uns se_lig Herr Gott in e_wigkeit A_men

Dritte lection:

Die morgenverhöre u. verurteilung

117. Lamentation

Weh klage des profe_ten Jeremi_as ü_ber Je_

ru_salem Je ru salem Je_

520

Je_ru_salem, Je_ _ ru_sa_lem be.keh_re

dich, be_keh.re dich zu dem Herren dei_ _ _ nem Gott.

Vierte Lection:

kreuzigung und tod.

118. Ecce quomodo

Für zwei soprane, alt u. bariton.

Si_he! wie da hin stirbt der ge_ _ rech _ te

und niemand ist ders be_ dächte,   u. nie_mand ist ders be_

däch.te   From me werden hin_ge_rafft   und niemand

ist ders be_tracht! von dem sündli_ chen tun und we_ sen/

ist er nun ge_ne_sen: sein name wird bleiben und

gar nicht ver_we_sen/ Im fri_ de ru_ het er in der

er_den; und in Zi_ on wird sein wo_nung ihm wer_

den. Sein na_me wird bleiben und gar nicht ver we sen.

Fünfte Lection:
kreuzabname u. grablegung.

119. Improperia I.

Chor:

Was ha _ be ich dir ge _ tan, mein volk!

und wo _ mit hab ich dich be _ lei _ di _ get? antwor _ te mir!

Ha _ be ich dich doch aus Ae _ gyp _ ten _ land ge _ fü _ ret

und du hast zur gei _ se _ lung ü _ ber _ antwor _ tet dei _ nen

hei _ _ _ _ _ _ land. Ha _ be ich dich doch aus

dem diensthause er _ lö _ _ set: und du hast ans kreuz ge _

14.

schla_gen dei_nen er lö ser

Gem: Heili ger Her re Gott, hei li_ger starker Gott,

hei li_ger barmher_zi_ger hei land, du e_wi ger Gott!

laz uns nicht versin_ken in des bit_tern to des not.

Chor: Ha be ich doch Pha_ra_o und sei_ne

rei_ter ge stürzt ins meer: a_ du hast mich ü_ber ant_

wartet den hohen priestern u denhei _ _ _ _ den.

Ha be ich dich doch ge spei set mit _ man _ na,

und ge tränket mit dem wa _ zer des felsen in der wüste;

und du hast mich ge trän ket mit gal _ le und

e _ _ _ _ _ _ _ _ zich.

Gem: Heiliger Herre Gott
Chor: Was habe ich dir getan. _ mir
Gem: Heiliger Herre Gott

120. Improperia II.

O mensch tu heut hören die klag w. dein Gott fü-ret

wi- der dein gottlo-sigkeit und gro - - - - - ze

un - - - dank - bar - keit

O mein - - - - - - - - - - - volki!

Schluz: A - - - - - - - - - - - - - - men

Altargebet mit V. U.

Schluzlied: Fer du Herr Jesu ruh u. s w.
oder So ruhest du und dergl.

Benedicamus
nr: 112.

Segen
nr 109.

Leidensgeschichte.

Erste lection.

Die leidensgeschichte unsers Herrn Jesu Christi nach den vier evangelisten Matthaeus, Marcus, Lucas und Johannes.

Und es war nacht. Und da sie den lobgesang gesprochen hatten, gieng Jesus hinaus mit seinen jüngern über den bach Kidron an den Oelberg, und kam zu einem hofe, der hiez Getsemane; da war ein garten, darein gieng Jesus und seine jünger. Judas aber der ihn verriet, wuzte den ort auch; denn Jesus versamelte sich oft daselbst mit seinen jüngern. Und als er an den ort kam, sprach er zu ihnen: Setzet euch hie, bis ich dort hingehe und bete. Und nam zu sich Petrum und Jacobum und Johannem, die zween söne Zebedäi, und fieng an zu trauren, zu zittern und zu zagen, und sprach zu ihnen: Meine seele ist betrübt bis an den tod: bleibet hie und wachet mit mir. Und er riz sich von ihnen und gieng hin ein wenig fürbaz, bei einem steinwurf, fiel nider auf sein angesicht und betete: Mein Vater, ists möglich, so gehe diser kelch von mir; doch nicht wie ich will, sondern wie du willst. Und er kam zu seinen jüngern und fand sie schlafend, und sprach zu Petro: Simon schläfest du? könnet ihr denn nicht eine stunde mit mir wachen? Wachet und betet, daz ihr nicht in anfechtung fallet; der geist ist willig, aber das fleisch ist schwach. Und gieng zum andernmal hin, betete und sprach: Mein Vater, ists nicht möglich, daz diser kelch von mir gehe, ich trinke ihn denn, so geschehe dein wille. Und er kam und fand sie abermal schlafend, und ihre augen waren voll schlafs, und wuzten nicht, was sie ihm antworteten. Und er liez sie und gieng abermal hin, und betete zum drittenmal noch heftiger und sprach: Vater, nicht mein, sondern dein wille geschehe! Und es kam, daz er mit dem tode rang, und sein schweiz ward wie blutstropfen, die fielen auf die erde. Es erschien ihm aber ein engel vom himel und stärkete ihn. Und er stund auf vom gebet und kam zum drittenmal zu seinen jüngern, und fand sie schlafend vor traurigkeit, und sprach zu ihnen: Ach wollt ihr nun schlafen und ruhen? Sihe, die stunde ist hie, daz des menschen son in der sünder hände überantwortet wird. Stehet auf, lazt uns gehen; sihe, er ist da, der mich verrät.

Und alsobald, da er noch redete, sihe, da kam Judas, der zwölfen einer: der hatte zu sich genomen die schar und der hohenpriester und Pharisäer diener mit fackeln, lampen, schwertern und stangen. Da nun Jesus wuzte alles was ihm begegnen sollte, gieng er hinaus und sprach zu ihnen: Wen suchet ihr? Sie antworteten ihm: Jesum von Nazaret. Jesus spricht zu ihnen: Jch bins. Judas aber der ihn verriet, stund auch bei ihnen. Als nun Jesus zu ihnen sprach: Jch bins! wichen sie zurück und fielen zu boden. — Der verräter aber hatte ihnen ein zeichen gegeben, und gesagt: Welchen ich küssen werde, der ists, den greifet, und füret ihn gewis. Und er gieng vor ihnen her und nabete sich zu Jesu, ihn zu küssen. Jesus aber sprach zu ihm: Mein freund, warum bist du komen? Und alsbald trat er hinzu und sprach: Gegrüzet seist du, rabbi! und küssete ihn. Jesus aber sprach zu ihm: Juda, verrätst du des menschen son mit einem kus? — Da fragte er aber abermal: Wen suchet ihr? Sie aber sprachen: Jesum von Nazaret. Jesus antwortete: Jch habs euch gesagt daz ich es sei; suchet ihr denn mich, so lazet dise gehen. Auf daz das wort erfüllet würde, welchs er sagte: Jch habe der keinen verloren, die du mir gegeben hast. Da traten sie hinzu und legten die hände an Jesum, und griffen ihn.

Da aber sahen die um ihn waren, was da werden wollte, sprachen sie zu ihm: Herr, sollen wir mit dem schwert drein schlagen? Und sihe, einer aus ihnen, Simon Petrus, reckte die hand aus und zog sein schwert, und schlug des hohenpriesters knecht und hieb ihm sein recht or ab; und der knecht hiez Malchus. Jesus aber antwortete und sprach: Lazet ab so lange! und rürete sein or an, und heilte ihn. Und sprach zu Petro: Stecke dein schwert an seinen ort; denn wer das schwert nimt, der soll durchs schwert umkomen. Soll ich den kelch nicht trinken, den mir mein Vater gegeben hat? Oder meinest du, daz ich nicht könnte auch jezt noch meinen Vater bitten, daz er mir zuschickte mehr denn zwölf legionen engel? Wie würde aber die schrift erfüllet? Es muz also gehen. Zu der stunde sprach Jesus zu den hohenpriestern und hauptleuten des tempels und den ältesten, die über ihn komen waren: Jhr seid als zu einem mörder mit schwertern und mit stangen ausgegangen mich zu fahen. Bin ich doch täglich gesezzen bei euch und habe gelehret im tempel, und ihr habt keine hand an mich gelegt: aber diz ist eure stunde und die macht der finsternis. Da verliezen die jünger ihn alle und flohen: die schar aber und der oberhauptmann und die diener der Juden namen Jesum und bunden ihn, und füreten ihn aufs erste zu Hannas; der war Kaiphas schwäher, welcher des jars hoherpriester war.

Zweite lection.

Der hohepriester aber fragte Jesum um seine jünger und um seine lehre. Jesus antwortete ihm: Jch hab frei öffentlich geredet vor der welt; ich habe allezeit gelehret in der schule und in dem tempel, da alle Juden zusamen komen, und habe nichts im verborgenen geredet: was fragest du mich darum? Frage die darum, die gehöret haben was ich zu ihnen geredet habe; sihe, dieselbigen wizzen was ich gesagt habe. Als er aber solches redete, gab der diener einer die dabei stunden, Jesu einen backenstreich und sprach: Solst du dem hohenpriester also antworten? Jesus antwortete: Habe ich übel geredet, so beweise daz es böse sei; habe ich aber recht geredet, was schlägst du mich? — Da sandte ihn Hannas gebunden zu dem hohenpriester Kaiphas. Es war aber Kaiphas, der den Juden riet, es wäre gut, daz ein mensch würde umbracht für das volk. Und sie füreten ihn hin, und mit ihm kamen all die hohenpriester und ältesten und schriftgelehrten. Die hohenpriester aber und der ganze rat suchten falsch zeugnis wider Jesum, auf daz sie ihn zum tode brächten, und funden keins. Und wiewol vil falscher zeugen herzutraten und falsch zeugnis gaben wider ihn, funden sie doch keins; denn ihr zeugnis stimmete nicht überein. Zulezt traten herzu zween falsche zeugen und sprachen: Er hat gesagt: Jch kann den tempel Gottes abbrechen und in dreien tagen denselbigen bauen. Wir haben gehört daz er sagte: Jch will den tempel, der mit händen gemacht ist, abbrechen, und in dreien tagen einen andern bauen, der nicht mit händen gemacht sei. Aber ihr zeugnis stimmte noch nicht überein. Und der hohepriester stund auf unter sie, und fragete Jesum und sprach: Antwortest du nichts? was zeugen dise wider dich? Jesus aber schwieg stille und antwortete nichts. Und der hohepriester antwortete und sprach zu ihm: Jch beschwöre dich bei dem lebendigen Gott, daz du uns sagest, ob du seiest Christus, der son Gottes. Bist du Christus, der son des Hochgelobten? Jesus sprach: Du sagests; ich bins! Doch sage ich euch: von nun an wirds geschehen, daz ihr sehen werdet des menschen son sitzen zur rechten hand der kraft und komen in den wolken des himels. Da zerriz der hohepriester sein kleid und sprach: Er hat Gott gelästert! was bedürfen wir weiter zeugnis? Sihe, jezt habt ihr seine gotteslästerung gehört: was dünkt euch? Sie aber verdammten ihn alle und sprachen: Er ist des todes schuldig. Da speieten sie aus in sein angesicht, und schlugen ihn mit fäusten.

Simon Petrus aber war Jesu nachgefolgt von ferne, und ein anderer jünger. Derselbige jünger war dem hohenpriester bekannt, und gieng mit Jesu hinein in des hohenpriesters palast: Petrus aber stund draußen vor der tür. Da gieng der andere jünger, der dem hohenpriester bekannt war, hinaus und redete mit der türhüterin, und fürte Petrum hinein. Es stunden aber die knechte und diener daniden im hofe und hatten mitten inne ein kolfeuer gemacht, denn es war kalt, und sazten sich zusamen und wärmeten sich; Petrus aber stund bei ihnen, auf daz er sähe, wo es hinaus wollte, und sazte sich unter sie und wärmte sich. Da kam des hohenpriesters mägde eine, die türhüterin; und da sie sahe Petrum sitzen bei dem licht, schaute sie ihn an und sprach: Bist du nicht dises menschen jünger einer? Er aber läugnete vor ihnen allen und sprach: Jch bins nicht; ich weiz nicht, was du sagest. Und er gieng hinaus in den vorhof, [und der han krähte]. Und über eine kleine weile, als ihn die magd wider sah, hub sie abermal an zu sagen zu denen die dabei stunden: Diser ist auch der einer. Er aber läugnete abermal und schwur dazu, und sprach: Weib, ich weiz nicht und verstehe nicht, was du sagest. Und aber über eine weile, bei einer stunde, da Petrus wider bei den knechten stund und sich wärmte, bekräftigts ein anderer und sprach: Warlich, du warest auch mit dem Jesu von Nazaret; denn du bist ein Galiläer, und deine sprache verrät dich. Spricht des hohenpriesters knechte einer, ein gefreundter des, dem Petrus das or abgehauen hatte: Sahe ich dich nicht im garten bei ihm? Da verläugnete Petrus zum drittenmal, und hub an sich zu verfluchen und zu schwören: Jch kenne des menschen nicht, von dem ihr saget. Und alsobald krähete der han [zum andernmal]. Und der Herr wandte sich und sahe Petrum an. Und Petrus gedachte an des Herrn wort, wie er zu ihm gesagt hatte: Ehe denn der han [zweimal] krähet, wirst du mich dreimal verläugnen! Und Petrus gieng hinaus, (verhüllte sein haupt) und weinte bitterlich.

Die männer aber, die Jesum hielten, verspotteten ihn und schlugen ihn, verdeckten ihn und schlugen ihn ins angesicht und fragten ihn und sprachen: Weizage uns, Christe! wer ists, der dich schlug? Und vil andere lästerung sagten sie wider ihn.

Dritte lection.

Und bald gegen morgen, als es eben tag ward, versamelte sich der ganze hohe rat des volks, nämlich alle hohenpriester und schriftgelehrte und ältesten des volks, und ratschlagten mit einander über Jesum, wie sie ihn zum tode brächten. Und füreten ihn hinauf vor ihren rat, und sprachen: Ob du der Christus bist? das sage uns. Er aber sprach zu ihnen: Sage ichs euch, so glaubet ihrs nicht: frage ich aber, so antwortet ihr nicht und lazet mich doch nicht los. Von nun an aber wird des menschen son sitzen zur rechten hand der kraft Gottes. Da sprachen sie alle: Du bist also Gottes Son? Er sprach zu ihnen: Jhr sagts, denn ich bins. Sie aber sprachen: Was bedürfen wir weiter zeugnis? wir habens selbst gehöret aus seinem munde. Und der ganze haufe stund auf, bunden Jesum und füreten ihn von Kaiphas vor das richthaus, und überantworteten ihn dem landpfleger Pontio Pilato; und es war frühe. Die Juden aber giengen nicht in das richthaus, auf daz sie nicht unrein würden, sondern ostern ezzen möchten.

Da gieng Pilatus zu ihnen heraus und sprach: Was bringet ihr für klage wider disen menschen? Sie antworteten und sprachen zu ihm: Wäre diser nicht ein übeltäter, wir hätten ihn dir nicht überantwortet. Da sprach Pilatus zu ihnen: So nemet ihr ihn hin, und richtet ihn nach eurem gesetz. Da sprachen die Juden zu ihm: Wir dürfen niemand töden. Auf daz erfüllet würde das wort Jesu, welches er sagte, da er deutete, welches todes er sterben würde. Und fiengen an ihn zu verklagen, und sprachen: Disen finden wir, daz er das volk abwendet und verbeut den schoz dem kaiser zu geben, und spricht, er sei Christus, ein könig. Da gieng Pilatus wider hinein in das richthaus, und rief Jesum und sprach: Bist du der Juden könig? Jesus antwortete: Redest du das von dir selbst, oder habens dir andere von mir gesagt? Pilatus antwortete: Bin ich ein Jude? dein volk und die hohenpriester haben dich mir überantwortet: was hast du getan? Jesus antwortete: Mein reich ist nicht von diser welt. Wäre mein reich von diser welt, meine diener würden drob kämpfen, daz ich den Juden nicht überantwortet würde: aber nun ist mein reich nicht von dannen. Da sprach Pilatus zu ihm: So bist du dennoch ein könig? Jesus antwortete: Du sagests, ich bin ein könig. Jch bin dazu geborn und in die welt komen, daz ich die warheit zeugen soll; wer aus der warheit ist, der höret meine stimme. Spricht Pilatus zu ihm: Was ist warheit? und da er das gesagt, gieng er wider hinaus zu den Juden und spricht zu ihnen: Jch finde keine schuld an disem menschen. Sie aber hielten an und sprachen: Er hat das volk erreget damit daz er gelehret hat hin und her im ganzen jüdischen lande, und hat in Galiläa angefangen bis hieher. Da aber Pilatus Galiläam hörte, fragte er, ob er aus Galiläa wäre? Und als er vernam, daz er unter Herodis oberkeit gehörte, übersandte er ihn zu Herodes, welcher in denselbigen tagen auch zu Jerusalem war.

Da aber Herodes Jesum sahe, ward er sehr fro, denn er hätte ihn längst gerne gesehen; denn er hatte vil von ihm gehöret und hoffte, er würde ein zeichen von ihm

112

sehen. Und er fragte ihn mancherlei: er antwortete ihm aber nichts. Die hohenpriester
aber und schriftgelehrten stunden und verklagten ihn hart. Aber Herodes mit seinem
hofgesinde verachteten und verspotteten ihn, legten ihm ein weiz kleid an und sandten
ihn wider zu Pilato. Auf den tag wurden Pilatus und Herodes freund mit einander,
denn zuvor waren sie einander feind.

Pilatus aber rief die hohenpriester und die obersten und das volk zusamen, und
sprach zu ihnen: Jhr habt disen menschen zu mir bracht, als der das volk abwende;
und sihe, ich hab ihn vor euch verhöret, und finde an dem menschen der sachen keine
die ihr ihn beschuldiget; Herodes auch nicht, denn ich habe euch zu ihm gesandt, und
sihe, man hat nichts auf ihn bracht, das des todes wert sei. Darum will ich ihn züch-
tigen und los lazen. Die hohenpriester aber hielten an, und beschuldigten ihn hart.
Und da er verklagt ward von den hohenpriestern und ältesten, antwortete er nichts.
Da sprach Pilatus zu ihm: Hörest du nicht, wie hart sie dich verklagen? antwortest du
nichts? Und er antwortete ihm nicht auf ein wort, also daz sich auch der landpfleger
sehr verwunderte.

Auf das fest aber war der landpfleger gewonet dem volk einen gefangenen los zu
geben, welchen sie wollten. Er hatte aber zu der zeit einen gefangenen, einen sonder-
lichen vor andern, der hiez Barabbas, welcher war um eines aufrurs der in der stadt
geschah, und um eines mords willen ins gefängnis geworfen. Da sie nun versamelt wa-
ren, sprich Pilatus zu ihnen: Jhr habt eine gewonheit, daz ich euch einen auf ostern
los gebe. Und das volk erhub seine stimme und hub an zu bitten, daz er täte, wie er
pflegte. Pilatus aber antwortete ihnen: Welchen wollt ihr daz ich euch los gebe: Barab-
bam? oder Jesum, den man Christus nennt? Denn er wuzte wol, daz ihn die hohen-
priester aus neid überantwortet hatten. Aber die hohenpriester und ältesten reizten und
überredeten das volk, daz sie vilmehr um Barabbam bitten sollten und Jesum umbrächten.
Da antwortete der landpfleger und sprach zu ihnen: Wollt ihr nun daz ich euch los gebe
den könig der Juden? — Welchen wollt ihr unter disen zweien? Sie sprachen: Barab-
bam. Und der ganze haufe schrie und sprach: Nicht disen, sondern Barabbam! Hinweg
mit disem, und gib uns Barabbam los! — Da rief Pilatus abermal ihnen zu und sprach:
Was soll ich denn machen mit Jesu, den man Christus nennt? den ihr einen könig der
Juden heizt? was wollt ihr, daz ich dem tue? Sie schrien aber widerum und sprachen
alle: Laz ihn kreuzigen! Er aber sprach zum drittenmal zu ihnen: Was hat denn diser
übels getan? Jch finde keine ursach des todes an ihm: darum will ich ihn züchtigen und
loslazen. Sie schrien aber noch vil mehr und sprachen: Kreuzige, kreuzige ihn! Und
lagen ihm an mit grozem geschrei, und forderten daz er gekreuziget würde; und ihr und
der hohenpriester geschrei nam überhand. Da gedachte Pilatus dem volke gnug zu tun,
und urteilete daz ihre bitte geschehe, und gab ihnen Barabbam los, der um aufrurs und
mords willen war ins gefängnis geworfen, um welchen sie baten: aber Jesum überant-
wortete er, daz er gegeiselt würde.

Da namen die kriegsknechte des landpflegers Jesum zu sich und füreten ihn hinein
in das richthaus, und riefen über ihn zusamen die ganze schar; und zogen ihn aus, und
legten ihm einen purpurmantel an, und flochten eine krone von dornen und sazten sie
auf sein haupt, und ein ror in seine rechte hand. Und fiengen an ihn zu grüzen, beu-
geten die knie vor ihm und spotteten ihn, und sprachen: Sei gegrüzet, du Judenkönig!
Und gaben ihm backenstreiche, und speieten ihn an, und namen das ror und schlugen
damit sein haupt: und fielen auf die knie, und beteten ihn an.

Da gieng Pilatus wider heraus und sprach zu ihnen: Sehet, ich füre ihn heraus
zu euch, daz ihr erkennet daz ich keine schuld an ihm finde. Also gieng Jesus heraus,
und trug eine dornenkrone und purpurkleid. Und er spricht zu ihnen: Sehet, welch ein
mensch! Da ihn die hohenpriester und die diener sahen, schrien sie und sprachen:
Kreuzige, kreuzige! Pilatus spricht zu ihnen: Nemet ihr ihn hin und kreuziget; denn ich
finde keine schuld an ihm. Die Juden antworteten ihm: Wir haben ein gesetz, und nach
disem unsern gesetz soll er sterben; denn er hat sich selbst zu Gottes son gemacht. Da
Pilatus das wort hörte, furchte er sich noch mehr; und gieng wider hinein in das richt-
haus, und spricht zu Jesu: Von wannen bist du? Aber Jesus gab ihm keine antwort.
Da sprach Pilatus zu ihm: Redest du nicht mit mir? weizest du nicht, daz ich macht
habe dich zu kreuzigen, und macht habe dich los zu geben? Jesus antwortete: Du hät-
test keine macht über mich, wenn sie dir nicht wäre von oben herab gegeben; darum,

der mich dir überantwortet hat, der hats grözre sünde. Von dem an trachtete Pilatus noch mehr, wie er ihn los lieze. Die Juden aber schrien und sprachen: Läzest du disen los, so bist du des kaisers freund nicht; denn wer sich zum könige machet, der ist wider den kaiser.

Da Pilatus das wort hörte, fürte er Jesum heraus, und sazte sich auf den richtstul an der stätte, die da heizet hochpflaster, auf hebräisch aber Gabbata. Und da er auf dem richtstul saz, schickte sein weib zu ihm und liez ihm sagen: Habe du nichts zu schaffen mit disem gerechten; denn ich habe heut vil erlitten im traum um seinetwegen. Und er spricht zu ihnen: Schet, das ist euer könig! Sie schrien aber: Weg, weg mit dem! kreuzige ihn! Spricht Pilatus zu ihnen: Soll ich euren könig kreuzigen? Die hohenpriester antworteten: Wir haben keinen könig, denn den kaiser. Da nun Pilatus sahe daz er nichts schaffte, sondern daz vil ein grözer getümmel ward, nam er wazzer und wusch seine hände vor dem volk, und sprach: Ich bin unschuldig an dem blut dises gerechten! sehet ihr zu. Da antwortete das ganze volk und sprach: Sein blut kome über uns und über unsere kinder! Da übergab Pilatus Jesum ihrem willen und überantwortete ihn, daz er gekreuzigt würde.

Vierte lection.

Und die kriegsknechte namen Jesum, zogen ihm den purpurmantel aus und zogen ihm seine eigenen kleider an, und füreten ihn hin, daz sie ihn kreuzigten. Und er trug sein kreuz; und gieng hinaus zu der stätte, die da heizet schädelstätte, auf hebräisch aber Golgata. Und indem sie hinausgiengen, fanden sie einen menschen von Cyrene mit namen Simon, der vom felde kam und vorüber gieng und ein vater war Alexandri und Rufi; den ergriffen sie und legten das kreuz auf ihn, und zwangen ihn, daz ers Jesu nachtröge.

Es folgte ihm aber nach ein grozer haufe volks und weiber, die klagten und beweineten ihn. Jesus aber wandte sich zu ihnen und sprach: Jhr töchter von Jerusalem, weinet nicht über mich, sondern weinet über euch selbst und über eure kinder. Denn sihe, es wird die zeit komen, in welcher man sagen wird: Selig sind die unfruchtbaren, und die leiber die nicht geboren haben, und die brüste die nicht gesäuget haben. Dann werden sie anfahen zu sagen zu den bergen: Fallet über uns! und zu den hügeln: Decket uns! Denn so man das tut am grünen holz, was will am dürren werden?

Es wurden aber auch hingefüret zween andere übeltäter, daz sie mit ihm abgetan würden. Und da sie an die stätte kamen mit namen Golgata, das ist verdolmetschet schädelstätte, gaben sie ihm den myrrhenwein, ezzich mit galle vermischt; aber er nams nicht zu sich. Allda kreuzigten sie ihn, und die zween mörder zu beiden seiten, einen zu seiner rechten und einen zur linken, Jesum aber mitten inne. Da ward die schrift erfüllet, die da sagt: Er ist unter die übeltäter gerechnet. Es war aber der rüsttag in ostern und war um die dritte stunde, da sie ihn kreuzigten. Jesus aber sprach: Vater, vergib ihnen, denn sie wizzen nicht was sie tun!

Pilatus aber schrieb eine überschrift, die ursach seines todes, beschrieben also: Jesus von Nazaret, der Juden könig! die hefteten sie ans kreuz oben zu seinen häupten. Und es war geschrieben auf hebräische, griechische und lateinische sprache. Dise überschrift lasen vil Juden, denn die stätte, da Jesus gekreuziget ward, war nahe bei der stadt. Da sprachen die hohenpriester der Juden zu Pilato: Schreib nicht der Juden könig, sondern daz er gesagt habe: Jch bin der Juden könig. Pilatus antwortete: Was ich geschrieben habe, das hab ich geschrieben!

Die kriegsknechte aber da sie Jesum gekreuziget hatten, namen sie seine kleider und machten vier teil, einem jeglichen kriegsknecht ein teil; dazu auch den rock. Der rock aber war ungenähet, von oben an gewirket durch und durch. Da sprachen sie unter einander: Lazet uns den nicht zerteilen, sondern darum lozen, wes er sein soll. Auf daz erfüllet würde die schrift, die da sagt: Sie haben meine kleider unter sich geteilet, und haben über meinen rock das loz geworfen. Solches taten die kriegsknechte, und sazen allda und hüteten sein.

Und das volk stund und sahe zu. Die hohenpriester aber verspotteten ihn unter einander samt den schriftgelehrten und ältesten, und sprachen: Andern hat er geholfen, und kann ihm selber nicht helfen, der Christus, der könig in Jsrael! Er steige nun vom kreuz, da₃ wir sehen und glauben. Er hat auf Gott vertraut, der erlöse ihn nun, hat er lust zu ihm; denn er hat gesagt: Jch bin Gottes son. Desselbigen gleichen die vorübergiengen, lästerten ihn, und schüttelten ihre köpfe und sprachen: Pfui, wie fein zerbrichst du den tempel und bauest ihn in dreien tagen! hilf dir nun selber, bist du Gottes son, und steig herab vom kreuz. Es verspotteten ihn auch die kriegsknechte, traten zu ihm und brachten ihm e₃₃ich und sprachen: Bist du der Juden könig, so hilf dir selber. Desgleichen der übeltäter einer, die da gehenkt waren, lästerte ihn auch, und sprach: Bist du Christus, so hilf dir selbst und uns.

Da antwortete der andre, strafte ihn und sprach: Und du fürchtest dich auch nicht vor Gott, der du doch in gleicher verdammnis bist? Und zwar wir sind billig drinnen, denn wir empfahen was unsre taten wert sind: diser aber hat nichts ungeschicktes gehandelt. Und sprach zu Jesu: Herr, gedenke an mich, wenn du in dein reich komest. Und Jesus sprach zu ihm: Warlich ich sage dir, heute wirst du mit mir im paradise sein!

Es stund aber bei dem kreuze Jesu seine mutter und seiner mutter schwester Maria, des Kleophas weib, und Maria Magdalene. Da nun Jesus seine mutter sahe und den jünger dabei stehen, den er lieb hatte, spricht er zu seiner mutter: Weib, sihe, das ist dein son! Darnach spricht er zu dem jünger: Sihe, das ist deine mutter! Und von der stund an nam sie der jünger zu sich.

Und es war um die sechste stunde. Und von der sechsten stunde an ward eine finsternis über das ganze land bis zu der neunten stunde, und die sonne verlor ihren schein. Und um die neunte stunde schrie Jesus laut, und sprach: Eli, eli, lamah sabaqtani (asabtani)! das ist verdolmetscht: Mein Gott, mein Gott, warum hast du mich verla₃en! Etliche aber die da stunden, da sie das höreten, sprachen sie: Der rufet dem Elias! la₃t doch sehen, ob Elias kome und ihm helfe und ihn herab neme?

Darnach als Jesus wu₃te da₃ schon alles vollbracht war, da₃ die schrift erfüllet würde, spricht er: Mich dürstet! Da stund ein gefä₃e voll e₃₃ichs; und alsbald lief einer unter ihnen, nam einen schwamm und füllte ihn mit e₃₃ich und legte ihn um ein ror von ysopen, hielts ihm dar ₃um munde und tränkte ihn.

Da nun Jesus den e₃₃ich genomen hatte, sprach er: Es ist vollbracht! und rief abermal laut, und sprach: Vater, ich befehl meinen geist in deine hände! Und als er das gesagt, neigte er das haupt und verschied.

Fünfte lection.

Und sihe da, der vorhang im tempel zerri₃ mitten entzwei in zwei stücke, von oben an bis unten aus; und die erde erbebte, und die felsen zerri₃₃en, und die gräber taten sich auf, und stunden auf vil leiber. der heiligen die da schliefen, und giengen aus den gräbern nach seiner auferstehung, und kamen in die heilige stadt und erschienen vilen. Der hauptmann aber der dabei stund gegen ihm über, und die bei ihm waren und bewareten Jesum, da sie sahen das erdbeben und was da geschah und da₃ er mit solchem geschrei verschied, erschraken sie sehr. Und der hauptmann preisete Gott und sprach: Fürwar, diser ist ein fromer mensch, ein son Gottes gewesen! Und alles volk das dabei war und zusahe, da sie sahen was da geschah, schlugen sie an ihre brust und wandten wider um. Es stunden aber alle seine verwanten von ferne, und die weiber die ihm aus Galiläa waren nachgefolget, und vil andere die mit ihm hinauf gen Jerusalem gegangen waren, und sahen das alles.

Die Juden aber dieweil es rüsttag war, da₃ nicht die leichname am kreuz blieben den sabbat über, denn desselbigen sabbats tag war gro₃, baten sie Pilatum, da₃ ihre beine gebrochen und sie abgenomen würden. Da kamen die kriegsknechte und brachen dem ersten die beine und dem andern, der mit ihm gekreuziget war. Als sie aber zu Jesu kamen, da sie sahen da₃ er schon gestorben war, brachen sie ihm die beine nicht; sondern der kriegsknechte einer öffnete seine seite mit einem speer, und alsobald gieng blut und wa₃₃er heraus. Und der das gesehen hat, der hats bezeuget, und sein zeugnis ist war; und derselbige wei₃ da₃ er die warheit saget, auf da₃ auch ihr glaubet. Denn solches ist geschehen, da₃ die schrift erfüllet würde: Jhr sollt ihm kein bein zerbrechen. Und abermal spricht eine andre schrift: Sie werden sehen in welchen sie gestochen haben.

Darnach als es schon abend geworden, sihe, da kam ein reicher mann von Arimathia, der stadt der Juden, der hiez Joseph, ein ehrbarer ratsherr, ein guter fromer mann, der hatte nicht gewilliget in ihren rat und handel, denn er wartete auf das reich Gottes und war ein jünger Jesu, doch heimlich, aus furcht vor den Juden. Der wagte es und gieng hinein zu Pilato und bat um den leib Jesu, daz er ihn abnemen dürfte. Pilatus aber verwunderte sich, daz er schon tot war; und rief den hauptmann und fragte ihn, ob er schon lange gestorben. Und als ers vom hauptmann erkundet, erlaubte es Pilatus. Da gieng Joseph hin, kaufte leinwand und nam den leichnam Jesu herab. Es kam aber auch Nikodemus, der vormals bei der nacht zu Jesu komen war, und brachte myrrhen und aloen untereinander bei hundert pfund. Da namen sie den leichnam Jesu und bunden ihn in leinene tücher mit spezereien und wickelten ihn in reine leinwand, wie die Juden pflegen zu begraben. Es war aber an der stätte, da er gekreuziget ward, ein garten und im garten ein neu grab, in welches niemand je gelegt war, welches Joseph hatte lazen in einen felsen hauen. Daselbsthin legten sie Jesum um des rüsttages willen der Juden, dieweil das grab nahe war; und wälzeten einen grozen stein vor des grabes tür und giengen davon. Und der sabbat brach an.

Es waren aber allda Maria Magdalene und Maria, des Joses mutter, und auch andere weiber, die mit Jesu komen waren aus Galiläa, die waren nachgefolgt und schaueten zu; und beschauten das grab und wie sein leib geleget ward, und sazten sich gegen das grab. Darnach kehreten sie um und bereiteten spezereien und salben; und den sabbat über waren sie stille nach dem gesetz.

Liturgie an Königsfesten.

1. Gemeindelied.

z. b. Dir höchster Herr und könig . . .
oder: Der tron der weltbeherscher . . .

2. Jntroitus.

Lit. Unsere hilfe stehet im namen des Herrn:
Gem. Der himel und erde gemacht hat.
L. Herr tue unsre lippen auf:
G. daz unser mund deinen rum verkündige.
L. Eile Gott uns zu erretten:
G. Herr uns zu helfen.
L. Ehr sei dem Vater und dem Son und dem heiligen Geist,
G. Wie es war im anfang, jezt und immerdar, und von ewigkeit zu ewigkeit. Amen, Halleluja.

3. Psalmodie.

Lieben brüder! So ermane ich nun, spricht der apostel, daz man vor allen dingen zuerst tue bitte, gebet, fürbitte und danksagung für alle menschen, für die Könige und für alle obrigkeit, auf daz wir ein geruhliches und stilles leben füren mögen in aller gottseligkeit und ehrbarkeit; denn solches ist gut, dazu auch angenäm vor Gott, unserm heilande! Eingedenk diser apostolischen ermanung komet denn auch ihr, meine geliebten, und lazet uns anbeten den Herren.

(Jm neunten ..n:)

L. HErr, unser herscher, wie herlich ist dein name:
in állen länden. Ps 8, 1.

G. Herr, was ist der mensch, daʒ du dich séin so annimst:
und des menschen kind, daʒ du ihn so áchtest? Ps. 144, 3.

L. Er hat ein gedächtnis gestiftet séiner wunder:
der gnädige únd barmhérzige Herr. Ps. 111, 4.

G. Man soll dem Herren danken um séine güte:
und um seine wunder die er an den ménschenkindern tut. Ps. 107, 21.

L. Gott, unser schild, scháue doch:
sihe an das reich déines gesälbten. Ps. 84, 10.

G. Erhalte seinen gang auf déinen fuʒsteigen:
daʒ seine schritte nicht gléiten. Ps. 17, 5.

L. Gib dem Könige lánges leben: Ps. 61, 7.
und erfreue ihn mit freuden déines ängesichts. Ps. 21, 7.

G. Laʒ ihn tronen vor dir ímmerdar:
erzeige ihm güte und treue, die ihn behüten. Ps. 61, 8.

L. Zu seinen zeiten laʒ blühen dén gerechten: Ps. 72, 7.
und schaffe unsern grénzen friden. Ps. 144, 14.

G. Seine feinde kleide dú mit schanden:
aber über ihm laʒ blühen séine króne. Ps. 132, 18.

L. Gelobet sei Gott der Herr, der Gott Israél:
der alléine wúnder tut. Ps. 72, 18. 19.

G. Und gelobet sei sein herlicher name éwíglich:
und alle lande müʒen seiner ehre voll werden. Amen, ámen.

L. Lob und preis sei Gott dem Vater, únd dem Son:
und dém heiligen Geist.

G. Wie es war im anfang, jezt und ímmerdar:
und von ewigkeit zu ewigkeit. Amen.

4. Lection.

z. b. a. Jos. 1, 5—9. b. Psalm. 20. c. Psalm. 21. d. Psalm. 28, 6—9.
e. Psalm. 33, 8—22. f. Matth. 15, 15—22. g. Rom. 13, 1—7.
h. I Petr. 2, 13—17.

Gem. Gott sei gedankt.

5. Te Deum.

6. Vermanung zum Gebet.

Aus derAgende, oder frei gesprochen.

7. Gemeingebet.

Nach derAgende. — Hierauf:

Gem. Kyrie eleison. Christe eleison. Kyrie eleison.
Lit. Vater unser . . . . vom übel.
Gem. Denn dein ist das reich u. s. w.

8. Preces.

L. O Herr, erzeig deine barmherzigkeit über úns:
G. und schenk uns dein héil. Ps. 85, 8.
L. O Herr, segne den König:
G. der sich verläzt auf dích. Ps. 86, 2.
L. Send ihm hilfe von deinem heiligtum:
G. und beschirm ihn mächtig immerdar. Ps. 20, 3.
L. Laz seine feinde ihn nicht überwältigen:
G. und die ungerechten ihn nicht dämpfen. Ps. 89, 23.
L. Rüst deine diener aus mit gerechtigkeit:
G. und laz deine heiligen sich freuen. Ps. 132, 9.
L. O Herr, hilf deinem vólk:
G. und segne dein érbteil. Ps. 28, 9.
L. Schenk uns frid in unsrer zéit:
G. denn es ist niemand, der für uns streitet, denn allein du, o Gótt.
L. Sei uns ein starker túrm:
G. vor unsern feinden. Ps. 61, 4.
L. Herr, höre unser gebét:
G. und laz unser schreien zu dir komen. Ps. 102, 2.
   Amen, amen
       oder nach dem Gemeingebet nr. 7.
Lit. Vater unser, der du bist im himel u. s. w.
Gem. Verleih uns friden . . . Gib unserm fürsten . . .
oder: O heilige Dreieinigkeit erhalt uns unsre obrigkeit . . .

9. Schluscollecte.

10. Benedicamus.

11. Benediction.

12. Schlusgesang.

Nun danket alle Gott mit herzen mund und händen . . .

Der Abendmalspsalm nr. 46.

(nach Spangenberg und Pfalznb. KO.)

1. Jch dänk dem Hērrn von gánzem herzen:
   im rat der frŏmén und in der gemein.

2. Groӡ sīnd die wérk des Herren:
   wer ihr āchtet, der hat éitel lust daran.

3. Was er ŏrdnet, das ist lŏeblích und herlich:
   und seine gerēchtigkeit bléibet ewiglich.

4. Er hat ein gedāechtnis gestīftet séiner wunder:
   der gnāedige únd barmherzige Herr.

5. Er gibt spēise dēnen, só ihn fürchteu:
   er gedenkt ēwiglích an seinen bund.

6. Er läӡt verkũendigen seinem volk — seine gewältíge taten:
   daӡ er ihnen gēbe das érbe der heiden.

7. Die werk sēiner händ sind wärhéit und recht:
   alle sēine gebót sind rechtschaffen.

8. Sie werden erhālten īmmer und éwiglich:
   und geschēhen tréulich und redlich.

9. Er sendet erlöesung séinem volk:
   er verheiӡt daӡ sein bund ēwíglich bleiben soll.

10. Sein nāme ist hēilíg und hehr:
    die furcht des Hērren ist der wéisheit ānfang.

11. Das ist eine fēine klūgheit; wer dárnach tut:
    des lŏb bléibet ewiglich.

12. Lob und prēis sei Gott dem Väter únd dem Son:
    ūnd dém heiligen Geist.

13. Wie es war im ānfang, jēzt und ímmerdar:
    und von ēwigkéit zu ewigkeit.
    AMEN.

Quellennachweis.

1. M. Weiss 1531. Spangenberg 1545.
   Pfalznb. KO. 1557.
4. Strazb. Gb. 1560. Erf. Gb. 1663.
6. Pfalznb. KO. 1557.
7. Pfalznb. KO. 1557. Ulm-Strazb. KGb.
   1618.
8. Pfalznb. KO. 1557. Würtemb. KGb. 1711.
9. Pfalznb. KO. 1557.
10. Spangenberg 1545.
11. Pfalznb. KO. 1557. fol. 98, b.
12. M. Weiss 1521. Spangenberg 1545.
13. 1541. Vgl. Wackernagel, Luthers geistl.
    lieder pag. 102. nr. 34.
14. Klug 1543. Spangenberg 1545.
15. M. Weiss 1531.
16. Spangenberg 1545.
17. (Decius 1527?) J. Kugelmann 1540.
18. G. Rhaw, Wittbg. 1544.
19. John Marbeck 1550.
20. Spangenberg 1545.
24. Marburger KO. 1574.
26. Directorium chori, ed. Guidetti 1581.
27. Pfalznb. KO. 1557.
28. Bamb. Gb. 1628. (Agne Deus)
30. Luther. — Walther 1524.
31. Um 1680. Dretzel 1731. Kühnau 1790.
32. G. Winer. — Goth. Cant. 1655.
33. Directorium chori 1581.
    Qui pridie a) Pfalznb. KO. 1557.
    b) Braunschw. KO. 1531. Sächs. KO.
    1539. c) Luther 1526. Spangenberg 1545.
34. Spangenberg, Cant. eccles. 1545. fol. 10.
35. Nach J. S. Bach um 1736.
36. Directorium chori 1581. (Sanctus mi-
    nus summum). — Variante Pfalznb.
    KO. 1557. Lossius 1561.
37. Pomm. KO. 1590. — Var. M. Praeto-
    rius 1607.
38. Directorium chori 1581.
39. Luther 1526. Babst 1545.
40. Böhm. Br. 1566.
41. a) Nürnb. KO. 1533. Pfalznb. KO. 1557.
    b) Sächs. KO. 1539. c) Spangenberg 1545.
42. Spangenberg 1545. Pfalznb. KO. 1557.
43. Pfalznb. KO. 1557.
44. (Decius 1527?) Pfalznb. KO. 1557. —
    Ulm-Strazb. KGb. 1618. mit Amen.

45. a) Nürnb. KO. 1533. · b) Braunschw.
    KO. 1531.
46. Spangenberg 1545. Pfalznb. KO. 1557.
49. a. Pfalznb. KO. 1557. b. Bayreuther
    chorordnung.
51. Pfalznb. KO. 1557.
52. Böhm. Br. 1566. (Vgl. nr. 12.)
53. Vgl. nr. 84.
54. Böhm Br. 1566. (Vgl. nr. 12. 52.)
55—62. Directorium chori 1581.
63—70. Direct. chori 1581. — Vgl. Janssen-
    Smeddinck 1846. pag. 155 u. flg.
74. John Marbeck 1550. (Direct. chori 1581.)
76—83. Directorium chori 1581.
84. Böhm. Br. 1566. Erf. Gb. 1663.
85. Klug 1529. Spangenberg 1545. Pfalznb.
    KO. 1557.
87. Vgl. nr. 84. Erf. Gb. 1663.
88. Römisch. — Janssen-Smeddinck p. 157.
89. Pfalznb. KO. 1557.
90. Spangenberg 1545. vergl. mit Ulm-
    Strazb. KGb. 1618.
91. Lossius 1561. (Zeile 1 und 2 nach
    Guidetti.)
92. Klug 1543. Spangenberg 1545.
93. Erf. Ench. 1527.
94. Urmelodie: Veni redemtor. — Klug
    (1529) 1535. — Schluz nach Spangenb.
    1545. Ulm-Strazb. KGb. 1618. — Var.
    bei Klug 1543.
95. Selneccer 1587. — Var. bei Cph. Peter
    1655. Erf. Gb. 1663.
96. a. Paderborn. Gb. 1655.
    b. John Marbeck 1550. Edw. Lowe 1664.
98. John Marbeck 1550. Direct. chori 1581.
    Edw. Lowe 1664.
108. Direct. chori 1581. — Ferialer ton.
112. Ton des Requiescat in pace.
116. Urmel. Vexilla regis . . Schlecht, Of-
     ficium p. 188. (Zinckeisen 1584. Erf.
     Gb. 1663.)
117. Hebdom. Sanct. ed. Guidetti 1587. —
     Janssen-Smeddinck p. 186.
118. Nach Jacob Hándl (Gallus) 1586.
119. Habe ich dich doch . . altrömisch, Schlecht
     Off. p. 184. — Das übrige vom herausg.
120. Böhm. Br. 1544.

Register.

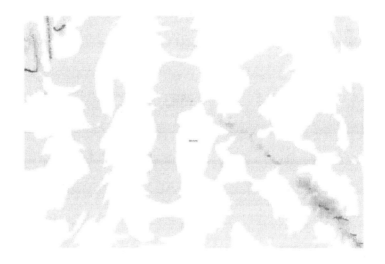

543

FSC
www.fsc.org

MIX

Papier aus ver-
antwortungsvollen
Quellen

Paper from
responsible sources

FSC® C141904

Druck:
Customized Business Services GmbH
im Auftrag der KNV-Gruppe
Ferdinand-Jühlke-Str. 7
99095 Erfurt